# NÃO, SR. COMUNA!
Guia para desmascarar as falácias esquerdistas

EVANDRO SINOTTI

# NÃO, SR. COMUNA!
Guia para desmascarar as falácias esquerdistas

[ EDITORA SINOTTI ]

Copyright © Evandro Sinotti
Todos os direitos reservados

COORDENAÇÃO DE PRODUÇÃO: Luiz Márcio Betetto Scansani

DIAGRAMAÇÃO: Rogério Salgado / Spress

ILUSTRAÇÕES E CAPA: A. C. MAXIMILIANO

FOTO DO AUTOR: Ilda Konatu

EDIÇÃO DE TEXTO E REVISÕES: Luiz Márcio Betetto Scansani

---

Sinotti, Evandro Wellington
    Não, Sr. Comuna!: guia para desmascarar as falácias
esquerdistas / Evandro Wellington Sinotti.  Pirassununga,
SP:s.c.p., 2015.  216p.

ISBN: 978-85-69838-00-5

1.    Ciência Política.  2. Ideologias – Política.
        I. Título.

15/018                              CDD 320

---

Índices para catálogo sistemático
1. Ciência Política   320
2. Teorias políticas - Ideologias   320.5
3. Comunismo - Ideologias   320.5

(ficha catalográfica elaborada por LVM – bibliotecária – CRB: 8/583)

Este livro segue as regras do Acordo Ortográfico da Língua Portuguesa,
em vigor desde 01/01/2009.

Vedada a reprodução desta obra, por qualquer meio e sob qualquer forma,
sem a autorização expressa e por escrito da editora.

2015

Todos os direitos desta edição reservados a Evandro Sinotti

# SUMÁRIO

1 "No capitalismo, os ricos ficam cada vez mais ricos, e os pobres cada vez mais pobres". — 9

2 "A humanidade enriquece progressivamente. É um processo automático". — 17

3 "O Nazismo foi um regime simpático ao livre-mercado, afinal existiam muitas empresas privadas na Alemanha de Hitler". — 23

4 "O livre-mercado é o culpado pelo crash de 1929 da bolsa e pela Grande Depressão que se seguiu nos EUA". — 33

5 "Eu não tenho medo de mudanças. Tenho medo é de que nada mude". — 47

6 "O governo deveria aumentar o salário mínimo para 'x' (sempre um valor muito mais alto que nos dias de hoje)". — 53

7 "A Educação no Brasil está livre de qualquer viés ideológico". — 61

8 "Boa parte dos artistas (e intelectuais) são esquerdistas porque são altruístas, porque se preocupam com os menos favorecidos". — 73

9 "Economia é jogo de soma zero. Para alguém ganhar, outro deve perder. Os pobres são pobres porque os ricos são ricos". — 81

10 "Não foi o verdadeiro socialismo". — 87

11 "O capitalismo tira a liberdade das pessoas". — 97

12 "A Revolução Industrial na Inglaterra piorou a vida de mulheres e crianças". —————— 107

13 "Não há saber mais ou saber menos: há saberes diferentes". (A frase é atribuída a Paulo Freire). ———— 117

14 "A culpa da inflação é dos empresários que insistem em subir os preços sem qualquer motivo". ——— 125

15 "O empresário capitalista explora o trabalhador ao se apossar da mais-valia dele". ————— 135

16 "Quem defende um Estado menor mas estuda/estudou em universidade publica é hipócrita". ———— 143

17 "A solução para a educação brasileira é o governo destinar 10% do PIB para a educação". ——— 151

18 "As empresas que se instalam na Ásia pioram as condições de vida dos que nela resolvem trabalhar". —— 159

19 "O PT não quer o socialismo". "O PSDB é um partido liberal, de direita". ————— 167

20 "O governo deveria controlar os preços cobrados pelos empresários". ———— 175

21 "Vocês são fascistas" (esquerdistas dizendo isso para defensores do livre-mercado). ———— 183

22 "A solução para resolver os problemas do Brasil é taxar as grandes fortunas". ——— 191

23 "Quem arca com o pagamento dos projetos artísticos beneficiados com a Lei Rouanet não é o governo". ———— 201

Bibliografia ———————— 211

# CAPÍTULO 1

"No capitalismo, os ricos ficam cada vez mais ricos e os pobres, cada vez mais pobres".

# "No capitalismo, os ricos ficam cada vez mais ricos e os pobres, cada vez mais pobres".

**NÃO, SR. COMUNA.** A história mostra que essa visão pejorativa que muitos têm do capitalismo, mesmo nos dias de hoje, não é correta, como veremos mais à frente. O grande responsável pela popularização da ideia de que no capitalismo os pobres estavam ficando a cada dia mais pobres foi Karl Marx (1818-1883), com a ajuda de Friedrich Engels (1820-1895). Eles escreveram no *Manifesto Comunista*: "(...) o operário moderno, em vez de se elevar com o progresso da indústria, afunda-se cada vez mais abaixo das condições da sua própria classe. O operário torna-se num indigente e o pauperismo desenvolve-se ainda mais depressa do que a população e a riqueza." Mas Marx e Engels erraram fragorosamente: a Inglaterra, berço da Revolução Industrial, país em que ambos viveram por muito tempo e onde ambos vieram a falecer jamais gerou uma imensa massa de trabalhadores pobres, ao contrário, o capitalismo na Inglaterra transformou o povo inglês, que era pobre em épocas anteriores, em um dos povos com melhor qualidade de vida do mundo. E esse progresso se repetiu nos lugares que ofereceram condições apropriadas (liberdade, segurança jurídica, respeito à propriedade privada e estabilidade social). Apesar das "profecias" de Marx, a qualidade de vida da classe trabalhadora está aumentando e a extrema pobreza está sendo gradualmente reduzida. Alem disso, ao contrário do que as afirmações de Marx podem levar alguns a crer, o sistema de livre-mercado possibilita mobilidade social, ao contrário de uma sociedade baseada em castas, por exemplo, em que a posição do indivíduo na sociedade é geralmente determinada no seu nascimento. O bilionário George Soros chegou a trabalhar como garçom. Ralph Lauren, dono da *griffe* que leva seu nome, já foi balconista. E muitos ricos perderam tudo que tinham. Dificilmente alguma pessoa não conheça exemplos das duas situações.

Para desmentir essa falácia de que no capitalismo os pobres ficam a cada dia mais pobres, nada mais oportuno que usarmos como exemplo o país mais populoso do mundo, a China, um país que sofreu muito durante a ditadura socialista de Mao Tse-Tung (1893-1976), que durou de 1949 a 1976, ano de sua morte. Reformas realizadas no país por Deng Xiaoping (1904-1997), principalmente após a década de 80, com a intenção de trazer mais liberdade econômica, trouxeram ganhos fantásticos para uma população acostumada a viver em condições extremamente adversas. Deng Xiaoping teria como lema, algo mais ou menos assim: "não importa a cor do gato, desde que ele pegue o rato" (a expressão varia conforme a fonte, mas seu "sentido", basicamente, não). E o gato que "pega" o rato, ou seja, que traz prosperidade, é o capitalismo. Em 30 anos de maior liberdade econômica, ainda que não a ideal, o capitalismo retirou cerca de 680 milhões de chineses da miséria, dando-lhes acesso a bens e serviços que antes não passavam de sonhos distantes da realidade deles. É fato também que o capitalismo possibilitou a muitos que enriquecessem também, que se tornassem milionários. Ou seja, ao contrário do que o senso comum esquerdista imagina, o capitalismo não deixou na China apenas os ricos a cada dia mais ricos. Trouxe também muita prosperidade para os mais pobres.

\*\*\*

Sobre as benesses do capitalismo, Deirdre McCloskey (1942) em *A Dignidade da Burguesia*, escreveu:

> *O mundo sustenta uma população mais de seis vezes e meia maior. E contra a expectativa malthusiana pessimista de que o crescimento populacional seria um problema, o cidadão médio hoje ganha e consome quase dez vezes mais bens e serviços do que o fazia em 1800. O salário real por pessoa no mundo está dobrando a cada geração, e essa tendência está acelerando. A fome mundial nunca esteve com taxas tão baixas, e continua caindo. A alfabetização e a expectativa de vida nunca estiveram tão altas, e continuam subindo. A liberdade está avançando. A escravidão está recuando e, em particular, a escravidão das mulheres. Nos países mais ricos, como a Noruega, o cidadão médio ganha 45 vezes mais do que ganhava em 1800, estupendos U$137 ao dia. O meio ambiente — uma preocupação de uma burguesia bem de vida — está melhorando nesses países ricos.*

A falácia de que no capitalismo os ricos tornam-se mais ricos e os pobres a cada dia mais pobres, é facilmente desmentida quando comparamos os bens materiais que a chamada "classe C", no Brasil, possui hoje, e comparamos com as gerações predecessoras. É só conversarmos com a maioria de nossos pais e avós para chegarmos à conclusão de que a maioria deles não possuía uma quantidade tão grande de bens materiais como possuímos nos dias de hoje. Televisores, geladeiras, automóveis, aparelhos de telefone etc., tão comuns na atualidade, já foram bens quase inacessíveis para boa parte da população.

Para demonstrar o quão relevante foi a melhoria no padrão de vida da população, veja a evolução no número de automóveis no nosso país. Em 1960, o Brasil tinha 70.191.370 habitantes e apenas 987.613 veículos, o que significava que o país tinha cerca de um veículo para cada 71 habitantes. Cerca de 50 anos depois, o número de veículos per capita teve um extraordinário aumento: em 2010 o Brasil tinha 190.732.694 habitantes e 59.361.642 veículos, o que significava um veículo para cada 3,2 habitantes do país. Neste espaço de cinco décadas, de 1960 a 2010, é visível que os automóveis deixaram de ser quase artigos de luxo e tornaram-se acessíveis a uma parcela muito maior da população brasileira.

De acordo com dados do Banco Mundial, entre 1990 e 2010, ou seja, num espaço de 20 anos, o número de pessoas vivendo com menos de US\$ 1.25 por dia (abaixo disso é a linha da pobreza absoluta) foi reduzido em 53% em todo o mundo, caindo de 46,7% da população em 1990, para 22% em 2010. A meta do Banco Mundial é incentivar a redução para 3%. No Brasil, a pobreza absoluta caiu de 17,2% da população em 1990, para 6,1% da população, em 2010.

Outros números interessantes para serem observados também, embora não sejam relativos à diminuição da pobreza, e sim ao aumento da produtividade média do trabalhador brasileiro, são os que mostram a evolução do PIB *per capita* do Brasil em um espaço de 100 anos. Tais números não deixam dúvidas quanto à melhoria da produtividade do brasileiro, que é essencial para que ele tenha uma vida melhor: em 1909, o Brasil tinha um PIB *per capita* de apenas 770 dólares, e um século depois, em 2009, nosso PIB *per capita* havia aumentado para 10.420 dólares. Como previamente informado, apesar do extraordinário aumento da riqueza *per capita* no país, esse indicador não serve para mensurar diretamente a evolução do padrão de vida de determinada classe social, pois trata-se de uma média. Entretanto, ele não deixa dúvidas de que o capitalismo gerou um aumento exponencial na riqueza produzida no país.

Mas quando observamos os dados do Banco Mundial que mostram estatisticamente que a pobreza absoluta vem caindo a cada dia mais, no Brasil e no mundo, fica difícil para um esquerdista ter argumentos que refutem a percepção de que a frase "no capitalismo os pobres ficam a cada dia mais pobres", não passa de uma grande falácia. A verdade é que a situação dos pobres, de maneira geral, está melhorando, e que podemos creditar grande parte da redução da pobreza absoluta no Brasil e no mundo ao capitalismo, o mais eficiente sistema econômico para gerar aumento de riqueza que já existiu

# CAPÍTULO 2

"A humanidade enriquece
progressivamente.
É um processo automático".

# "A humanidade enriquece progressivamente. É um processo automático".

**NÃO, SR. COMUNA.** O verdadeiro progresso não acontece como num passe de mágica. Cada passo em direção da prosperidade quase sempre é efeito da poupança. Do acúmulo de capital. Só com acúmulo de capital é que os capitalistas (palavra que os esquerdistas usam geralmente de forma pejorativa) podem comprar ferramentas e máquinas para tornar a mão de obra mais PRODUTIVA. Cem pessoas trabalhando de forma "artesanal" terão uma produtividade muito menor do que cem operários que trabalhem numa fábrica moderna, com capacitação, máquinas e equipamentos de última geração à sua disposição. Se todas as pessoas "consumissem" tudo o que ganham, o progresso seria muito mais lento, pois dependeria quase que exclusivamente da *expertise* adquirida através da experiência. A propriedade privada dos meios de produção funciona como um estímulo para que os capitalistas, que são as pessoas que se abstêm de consumir tudo que ganham, consigam juntar o capital necessário para comprar as máquinas e equipamentos necessários para aumentar a produtividade. E maior produtividade significa que mais bens serão produzidos, e consequentemente, que aumente a quantidade de pessoas que terão acesso aos mesmos. Lógica elementar.

Para o homem comum, e principalmente, na visão do esquerdista, o empresariado, a inventividade tecnológica e a acumulação de capital não são os responsáveis pelo aumento da prosperidade. O homem comum, e os esquerdistas, em seu senso comum, acreditam que uma entidade "mítica" chamada "progresso", é a responsável pelo surgimento de novas indústrias que lhe oferecem produtos antes desconhecidos.

Desconhecem o fato de que o que contribuiu decisivamente para a prosperidade é a acumulação de capital, que possibilita a utilização de melhores ferramentas e máquinas, que são fundamentais para aumentar a produtividade do trabalhador. Ludwig Von Mises (1881-1973), no seu clássico *A Mentalidade Anticapitalista* escreveu: "O que distingue as condições industriais modernas nos países capitalistas das condições das eras pré-capitalistas assim como das que existem hoje nos países chamados subdesenvolvidos é o volume de oferta de capital. Nenhum progresso tecnológico funciona se o capital necessário não for previamente acumulado por poupança". É a poupança, o acúmulo de capital, que possibilita aos tecnólogos utilizarem os bens de capital indispensáveis para desenvolver seus engenhosos inventos. Os tecnólogos, que buscam aperfeiçoar os processos e criar novos produtos, os empresários que empregam os bens de capital, e os poupadores, que tornam o acúmulo de capital possível, são personagens que desempenham papel ativo no progresso econômico. O resto das pessoas se beneficia das atividades destes três grupos.

O que torna as condições mais propícias para que poupadores, empresários e tecnólogos construam o progresso é a instituição da propriedade privada dos meios de produção. Restrições a ela não só podem impedir o progresso, como em muitas situações causam retrocesso no padrão de vida dos que vivenciam estas restrições. Políticas desastrosas de não respeito à propriedade privada (da terra ou da produção) de governos socialistas, na China, durante a ditadura Mao-Tse, e durante a ditadura de Josef Stalin (1878-1953), na URSS, foram decisivas para autênticos desastres humanitários. Estima-se entre 20 e 40 milhões o número de mortos na *Grande Fome* chinesa, e em cerca de 7 milhões os mortos entre 1932 e 1933 no *Holodomor* (palavra que quer dizer "morto por fome") ucraniano, uma das repúblicas soviéticas. Como vemos, ao contrário do senso comum, o progresso não é "inevitável", muito menos um processo automático independente das políticas governamentais. O progresso depende principalmente da criação de condições para que o capital seja acumulado, e o principal fator para que isso aconteça é que haja respeito à propriedade privada.

# CAPÍTULO 3

"O Nazismo foi um regime simpático ao livre-mercado, afinal existiam muitas empresas privadas na Alemanha de Hitler".

# "O Nazismo foi um regime simpático ao livre-mercado, afinal existiam muitas empresas privadas na Alemanha de Hitler".

**NÃO, SR. COMUNA.** Sua visão dos fatos, baseada no senso-comum, é completamente equivocada. Caso vossa senhoria canhota não saiba, Hitler, que assumiu o cargo de chanceler em 1933, era do Partido Nacional SOCIALISTA dos Trabalhadores Alemães. Ludwig von Mises explicou, em palestra em 1959, em Buenos Aires, que a diferença entre o socialismo russo e o nazismo alemão era que no último foram mantidos a "terminologia" e os "rótulos" do sistema de livre economia, mas embora a propriedade privada existisse de "direito", ela pouco existia "de fato". Ainda existiam "empresas privadas" na Alemanha nazista, mas o proprietário já não era mais um empresário, e sim um "gerente" ou "chefe" de negócios (*Betriebsführer*). Hitler aplicou também o controle de preços na economia durante a década de 30. As empresas tinham que obedecer ao Ministério da Economia do Império (não vou colocar o nome em alemão, pois é ENORME). E esses determinavam às empresas o que produzir, em que quantidade,

. 25

onde comprar e vender as mercadorias e a que preço. Os trabalhadores eram designados para determinadas fábricas e seus salários eram decretados pelo governo. Todo o sistema econômico era regulado pelo governo. Isso está longe de ser livre-mercado. Isso está longe da liberdade que deveria existir no capitalismo.

Como chamar de livre-mercado um sistema onde o proprietário da empresa, o *Betriebsführer*, não tinha o direito de se apossar dos lucros? Era isso, ainda segundo von Mises, que acontecia na Alemanha nazista. Se requisitasse uma soma maior, para fazer uma operação, por exemplo, o "proprietário" era obrigado a consultar o *führer* do distrito (o *Gauführer* ou *Gualelter*), que o autorizaria - ou não - a fazer uma retirada superior ao salário que lhe era pago. A economia na Alemanha foi seguindo na direção de um grau maior de interferência do governo no mercado ao longo dos anos de Hitler no poder, mas os nazistas não desejavam o completo intervencionismo com a abolição da iniciativa privada.

Apesar de Hitler ter se aproximado de empresários durante a década de 30 e não ser "em tese" avesso à propriedade privada de alemães, ele acreditava que o Estado, e não o mercado, é que deveria determinar o desenvolvimento econômico. O anticapitalismo de Hitler era na verdade puramente antissemita, ou seja, Hitler não tinha simpatia pelos capitalistas judeus, que na sua opinião, queriam controlar tudo.

A intervenção na economia alemã, como dito, foi aumentando gradualmente. O governo controlou os salários, que foram congelados em 1934 e permaneceram fixos até 1945. Foram abolidas as centrais sindicais, as greves foram proibidas e todos os trabalhadores, inclusive os de colarinho branco, tiveram que se filiar à Frente de

Trabalho Alemã, organização nazista vinculada à Câmara Econômica do Reich. Cada ramo industrial obrigatoriamente estava organizado em grupos econômicos controlados pelo Grupo Industrial do Reich. Comércio, bancos e agricultura ficaram sob jurisdição de um dos outros grupos do Reich. O Estado interferia diretamente nos métodos de produção.

Os nazistas adotaram planos quadrienais para intervir na economia a partir de 1933, sendo que o primeiro, que durou até 1936, buscava a criação de empregos e a retomada do crescimento econômico num quadro de retração do comércio mundial. Mas foi durante o segundo plano quadrienal (1937-1940), que foi liderado pelo ministro Hermann Göring, que o governo passou a intervir ainda mais na economia, que deixou de ser uma economia mista keynesiana, para passar a ser uma economia de comando ou gerenciada (*Gelenkte Wirtschaft*), sem ser uma economia centralmente planejada. Nesse período, o imposto para os alemães mais ricos aumentou. Aos poucos, os empresários começaram a perceber que o nazismo era avesso ao livre-comércio.

O pesquisador Ricardo Luis Chaves Feijó escreveu sobre o intervencionismo na Alemanha nazista:

> *A economia parcialmente descentralizada do Terceiro Reich esteve longe do modelo de uma economia clássica de mercado na qual a eficiência é alcançada pela ação do sistema livre de preços.[4] É evidente que o mecanismo de mercado, orientado pela sinalização dos preços, não pode funcionar muito bem no sistema econômico com preços controlados. Não se pode alcançar grande eficiência pela*

*ação do mercado em um sistema relativamente centralizado como o foi o alemão na época do poder nazista.*

A ideologia da Alemanha de Hitler não era simpática à liberdade econômica, assim como a ideologia socialista da União Soviética de Stalin. A diferença maior é que, na última, a administração da economia foi feita de uma maneira centralizada, abolindo quase completamente a propriedade privada. A Alemanha, como explicado pelo pesquisador Ricardo Feijó, estava longe de ter um sistema econômico liberal, onde a eficiência é alcançada pela existência de um sistema livre de preços. Em um sistema em que a economia tinha tanta intervenção do governo, como foi a economia alemã nazista, em que os preços e salários foram controlados, não há como o mecanismo de mercado funcionar tão bem. Falar que existia liberalismo na Alemanha nazista pelo simples fato de que a propriedade privada não foi abolida em sua totalidade, é analisar a economia e ideologia existentes ali de forma completamente equivocada. A economia alemã manteve algum grau de eficiência pelo fato de que, embora sofressem intervenções, ainda existia a figura da propriedade privada, e os empresários desejavam perpetuar seus negócios. Embora o estado nazista interferisse, os empresários alemães tinham mais autonomia para gerir suas empresas do que os líderes setoriais num regime de economia planificada como o da União Soviética. Mas a verdade é que o nazismo não tinha nada de liberal, nem na economia, nem nos hábitos, e muito menos na filosofia.

Estado inchado, alto grau de intervenção nas empresas, controle de preços, congelamento de salários. Estas características do nazismo soam como música para muitos esquerdistas. Muitos partidos ditos socialistas dos dias atuais inclusive defendem muitas dessas coisas nas suas plataformas. Adeptos do livre-mercado, por outro lado, têm arrepios ao imaginar qualquer uma dessas coisas. O nazismo foi simpático ao livre-mercado? Conta outra, sr. comuna.

Anexo: o Programa do Partido dos Trabalhadores Alemães, que depois mudou seu nome para Partido Nacional Socialista dos Trabalhadores Alemães, publicado em 24 de fevereiro de 1920, mostra o caráter socialista e autoritário que o partido tinha à época. Leia alguns dos termos defendidos no documento:

> -Portanto, nós exigimos que toda renda não merecida, e toda renda que não venha de trabalho, seja abolida;
> -Nós exigimos a nacionalização de todos os grupos investidores;
> -Nós exigimos participação nos lucros em grandes indústrias;
> -Nós exigimos a criação e manutenção de uma classe média sadia, a imediata socialização de grandes depósitos que serão vendidos a baixo custo para pequenos varejistas, e a consideração mais forte deve ser dada para assegurar que pequenos vendedores entreguem os suprimentos necessários ao Estado, às províncias e municipalidades;
> -Nós exigimos uma reforma agrária de acordo com nossas necessidades nacionais, e a oficialização de uma lei para expropriar os proprietários sem compensação de quaisquer terras necessárias para propósito comum. A abolição de arrendamentos de terra, e a proibição de toda especulação na terra.

Ao leitor, uma pergunta: estas políticas defendidas em 1920 pelo partido de Hitler lhe parecem liberais? Acredito que, na verdade, muitos socialistas e esquerdistas em geral é que ficariam satisfeitos se algumas destas políticas autoritárias fossem aplicadas sobre a população.

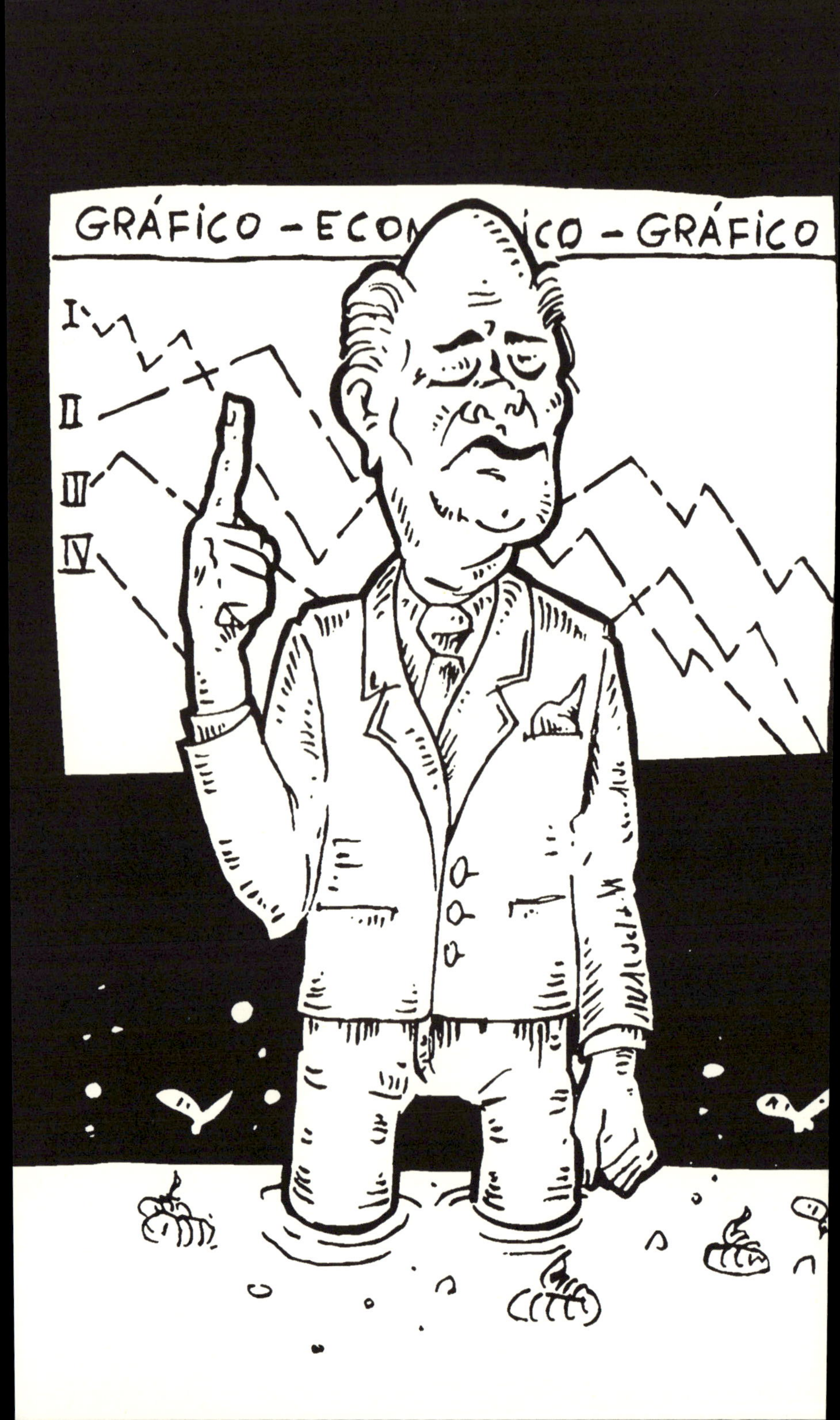
GRÁFICO - ECON
ICO - GRÁFICO
I
II
III
IV

# CAPÍTULO 4

"O livre-mercado é o culpado pelo *crash* de 1929 da bolsa e pela Grande Depressão que se seguiu nos EUA".

# "O livre-mercado é o culpado pelo *crash* de 1929 da bolsa e pela Grande Depressão que se seguiu nos EUA".

**NÃO, SR. COMUNA.** Essa é a ladainha contada pelos que são simpáticos à ideia de governos intervirem no livre-mercado para que crises não aconteçam. Mas o verdadeiro culpado pela "bolha" especulativa que se formou durante boa parte da década de 20 foi o Fed (Federal Reserve), que é uma espécie de Banco Central americano. O Fed expandiu a oferta de crédito fortemente até o ano do crash. Só em 1924, foram US$ 500 milhões, que geraram, graças ao sistema de reservas fracionárias, uma expansão creditícia de mais de US$ 4 bilhões em um ano. Isso gerou euforia e uma série de investimentos duvidosos, além de um grande aumento nos preços de imóveis e ações. Essa oferta de dinheiro "na praça" faz com que os juros sejam reduzidos. Mas com o aumento dos preços causado por essa oferta de dinheiro, em algum ponto os investimentos deixarão de ser lucrativos. Aí começa o declínio. Para evitar um surto inflacionário, a injeção de dinheiro no sistema terá que ser interrompida ou diminuída, o que fará com que os juros subam. Nessa hora, os investimentos ruins aparecem. Foi esse o processo que causou uma corrida aos bancos em 1929 nos EUA, que resultou na quebra de muitos deles. O *crash* da bolsa, causado pelo reajuste nos preços das ações, e a recessão, vieram em seguida. Mas o que a prolongou e a fez ser chamada de "Grande Depressão", foi uma sequência desastrosa de intervenções governamentais, que entre outras medidas, não deixou que o mercado fizesse os reajustes necessários de preços e salários. O governo norte-americano também tomou medidas protecionistas, o que causou uma queda acentuada nas importações, e fez com que outros países adotassem também tais medidas, prejudicando exportadores americanos. O resultado dessas e outras intervenções do governo no mercado? O prolongamento da depressão por cerca de uma década.

O início da grande expansão monetária realizada pelo Fed a partir de 1924 teve o intuito de estimular a economia, que vinha em uma queda acentuada. Outra intenção para essa expansão creditícia foi ajudar o Bank of England, que desejava manter a taxa cambial no nível em que estava antes da Primeira Guerra Mundial. Com a expansão creditícia e a consequente inflação, o forte dólar poderia ser reajustado em relação à fraca libra esterlina inglesa, que seria valorizada por uma política de deflação, e assim voltaria a taxa de câmbio entre as duas moedas às condições pré-guerra.

A princípio, os efeitos desta expansão do crédito foram benéficos, gerando crescimento econômico. No ano de 1927, o Fed inflacionou ainda mais a economia, e essa maior oferta de dinheiro causou aumento acentuado nas hipotecas agrícolas e urbanas, no endividamento industrial, financeiro, e no endividamento de governos municipais e industriais. Paralelamente, aumentaram também os preços dos imóveis e ações. Entre junho de 1922 e setembro de 1929, de acordo com o índice da Standard & Poor's, as ações de empresas ferroviárias aumentaram de 189,2 para 446,0, e as ações das empresas de utilidade pública subiram de 82,0 para 375,1. A bolha especulativa estava formada.

Como já dito, a expansão creditícia não pode continuar indefinidamente. Em algum ponto, o aumento dos preços passará a tornar alguns investimentos não lucrativos. E para evitar um surto inflacionário, em algum ponto a oferta de dinheiro terá que ser diminuída. Com isso, os juros, que estavam baixos graças à expansão creditícia, irão subir, tornando o crédito mais caro e causando uma contração na economia. A essa altura, muitos investimentos realizados durante a fase de formação da bolha se mostrarão errôneos e serão abandonados ou sofrerão redução no seu valor contábil. Foi isso que aconteceu em 1929. O Fed interrompeu sua política de credito fácil, e aos poucos as pessoas foram percebendo que o "jogo" tinha virado, e que a tendência era que os preços sofressem queda. Percebendo essa tendência de queda, em 24 de outubro de 1929, milhares de pessoas procuraram vender suas ações na Bolsa, e os preços desabaram espetacularmente, ficando essa data conhecida como o dia do *crash* da bolsa de valores americana.

A recessão que se seguiu não deveria ter se prolongado muito, se o governo tivesse aprendido a lição da depressão anterior. Em 1920-1921 os EUA tiveram uma forte depressão, com o desemprego subindo de 4% para 12% da população. Mas o Fed pouco interveio para combater a recessão, e o então presidente Warren G. Harding (1865-1923)* reduziu os gastos do governo quase pela metade, entre

---

* Warren Gamaliel Hardling, do Partido Republicano, foi o 29º presidente dos EUA e governou o país de 1921 a 1923.

1920 e 1922. Diminuiu também o imposto de renda para todos os grupos de renda, e reduziu a dívida nacional em 33%. O resultado dessas medidas de redução de gastos governamentais, redução de impostos e pouca intervenção do Fed, foi que o desemprego caiu rapidamente, para 6,7% em 1922 e 2,4% em 1923. A economia norte-americana era sólida em 1929, e teria todas as condições de se recuperar em pouco tempo da recessão também. Isso se o governo não achasse que dessa vez deveria intervir. Mas ele interviu. E de modo desastroso.

Diferentemente do que foi feito pelo governo na depressão de 1920-1921, o presidente Herbert C. Hoover (1874-1964)[*] , que foi empossado em 1929, resolveu intervir para tirar o país da crise. Incitou os empresários a não cortar preços e salários e intensificar outros gastos, acreditando que assim iria manter inalterado o poder de compra. O presidente também gerou déficits orçamentários e estimulou os governos locais a gastarem mais e se endividarem. E em junho de 1930, foi aprovada a tarifa *Smoot-Hawley*, que elevou como nunca antes as tarifas de importação, e que muitos historiadores acreditam que foi o maior erro entre 1920 e 1933, e que causou o início *real* da depressão. O protecionismo americano estimulou outros países a fazerem o mesmo, o que causou a diminuição do comércio internacional. Com isso, os preços de produtos agrícolas despencaram, levando centenas de milhares de agricultores à falência, e o desemprego nas indústrias cresceu não só nos EUA, mas em todo o mundo. Cerca de 2000 bancos rurais, credores dos agricultores, também fecharam as portas entre 1931 e 1932. A crise na Europa gerou calotes

---

[*] Herbert Clark Hoover, do Partido Republicano, foi o 31º presidente dos EUA e governou o país de 1929 a 1933.

que prejudicaram também os bancos americanos, credores dos europeus. As exportações americanas despencaram de US$ 5,5 bilhões em 1929 para US$1,7 bilhão em 1932. Para piorar tudo, em 1932, o imposto de renda foi praticamente duplicado pelo *Revenue Act* (Decreto da Receita). Governos estaduais também impunham novos tributos. Essas medidas tiraram ainda mais dinheiro da iniciativa privada. A base monetária (volume de dinheiro criado) também foi inflacionada, aumentando 31% do fim de 1930 até o início de 1933, ano dos piores números. O presidente Hoover também foi precursor da política de grandes déficits fiscais para tentar controlar a depressão, ou seja, do governo gastar mais do que arrecada. Os gastos federais em seu governo foram ampliados em 42% entre os anos fiscais de 1930 e 1932. Nos anos fiscais encerrados em junho de 1932 e junho de 1933 (cerca de 4 meses apenas após ele deixar o poder), os déficits foram de -4% e -4,5% do PIB, respectivamente. Por essa razão, Lew Rockwell acredita que o New Deal, na prática, começou com Hoover, e não com o presidente Roosevelt, que o sucedeu, e cujos três primeiros anos de governo tiveram um déficit fiscal médio de -5,1% do PIB.

Em 1933, Franklin D. Roosevelt (1882-1945)* assumiu o poder. Ele implementou uma série de medidas econômicas e sociais entre 1933 e 1937 que ficaram conhecidas como *New Deal* ("novo acordo", em português), que se caracterizaram por uma forte intervenção estatal na economia, com o intuito de tentar recuperar a economia dos EUA da crise de 1929. Algumas dessas medidas tomadas pelo presidente durante seu governo para tentar estimular a economia, entretanto,

---

* Franklin Delano Roosevelt, do Partido Democrata, foi o 32º presidente dos EUA e governou o país de 1933 a 1945.

são no mínimo discutíveis. Por razões humanitárias, certas medidas de assistência aos mais necessitados devem ser classificadas como acertadas (embora seja interessante lembrar que provavelmente algumas das pessoas que receberam auxílio não necessitariam dele caso certas atitudes discutíveis tomadas por Hoover e Roosevelt não tivessem sido tomadas). Mas medidas como a destruição proposital de safras, são, por outro lado, moralmente indefensáveis. E carecem de lógica. Não se cria riqueza destruindo-a, considerando que o que torna melhor o padrão de vida de uma população é o maior acesso a bens e serviços.

Entre outras medidas, durante o mandato de Roosevelt, como já acontecera no de seu antecessor, foi aumentada a quantidade de dólares na economia, desvalorizando-os assim (tem boa aceitação entre muitos economistas a visão de que, no curto prazo, e em determinadas situações, essa medida pode estimular um pouco a economia; entretanto, não existe consenso entre os economistas quanto à eficácia desta medida, principalmente no médio e longo prazos). Roosevelt também nacionalizou o estoque monetário de ouro, proibiu a posse privada desse minério (com exceção de joias, ou uso científico e industrial, e também para pagamentos externos), e anulou todos os contratos públicos ou privados, antigos ou futuros, que demandavam seu pagamento em ouro. Durante seu governo, vários aumentos de impostos drenaram ainda mais recursos da iniciativa privada. Decretou, com a aprovação do Congresso, um acordo de reemprego, que estipulava valores para o salário-mínimo e menores horas de trabalho semanais, além da proibição do trabalho adolescente. Com isso, os custos ficaram maiores para as empresas, e o desemprego aumentou, chegando ao número de quase 13 milhões de americanos (25%

da força de trabalho) em 1933. Políticas equivocadas para o setor rural também colaboraram para a queda da produção econômica. Entretanto, depois de ter atingido os piores números de desempregados em 1933, a economia começou a se recuperar entre 1934 e 1937, com o PIB voltando a se elevar e o desemprego começando a baixar, mas com ônus de que o país passou a conviver com a inflação de preços. Em 1935 e 1936, a Suprema Corte americana também deu uma ajuda para a recuperação, ao declarar ilegais duas medidas que haviam sido tomadas durante o governo Roosevelt, o NRA (cuja anulação ajudou a reduzir os custos da mão-de-obra) e o AAA (cuja anulação reduziu a carga tributária da agricultura e interrompeu a destruição das safras agrícolas. Por incrível que pareça, o governo, com o AAA, chegava a pagar aos agricultores para reduzir a área de plantio). Essas duas anulações geraram um alívio para a economia americana, colaborando para que o desemprego baixasse para 7,6 milhões de americanos, cerca de 14,5% da força de trabalho em 1936. Mas em 1936, após as eleições, em que Roosevelt foi reeleito, veio um novo problema, com os sindicatos passando a dificultar a situação dos empresários, graças aos poderes que lhes foram dados pelo *Wagner Act*, também conhecido como Decreto Nacional das Relações Trabalhistas, que fora aprovado no ano anterior. Com essa maior interferência dos sindicatos possibilitada pelo *Wagner Act*, os salários aumentaram e a produtividade diminuiu, colaborando para que em 1938 o PIB caísse novamente e o desemprego voltasse a aumentar. Alguns economistas, entretanto, preferem creditar essa nova queda do PIB à diminuição do déficit fiscal dos EUA (caiu de -5,5% em 1936 para -2,5% em 1937 e para -0,1 em 1938). Para esses "keynesianos", essa nova recessão foi resultado de políticas contracionistas (cortes nos gastos e aumento nos impostos). Essa "visão" keynesiana ignora ou parece dar pouca importância à existência de outros fatores em jogo atrapalhando a liberdade econômica, como por exemplo, o citado *Wagner Act*. Outras intervenções governamentais também colaboraram para que o mercado de ações caísse cerca de 50% entre agosto de 1937 e março de 1938.

O professor de Economia Thomas DiLorenzo mostra que as políticas de Roosevelt não tiveram um sucesso expressivo, como comumente se imagina: "(...) as estatísticas do U.S. Census Bureau mostram que a taxa oficial de desemprego ainda era de 17,2% em 1939, não obstante os sete anos de 'salvação econômica' implementados pela administração Roosevelt (a taxa de desemprego normal, antes da Depressão, era de aproximadamente 3%). O PIB *per capita* era menor em 1939 do que em 1929 ($847 vs. $857), bem como os gastos pessoais em consumo ($67,6 bilhões vs. $78,9 bilhões), tudo de acordo com os dados do Census Bureau. O investimento privado líquido no período de 1930-1940 foi *negativo*, de -$3,1 bilhões." É justo lembrar que embora o desemprego ainda se mantivesse alto em 1939, o desempregado dessa época estava melhor protegido pelo governo nesse ano, graças a políticas como seguro-desemprego, por exemplo, do que em 1929.

Nota do Autor: Thomas DiLorenzo "arredondou" para sete anos, mas na verdade Roosevelt completou esse número de anos na presidência alguns meses depois, em março de 1940.

A sucessiva política de déficits (governo gastando mais do que arrecada) empreendida pelos governos de Hoover e depois intensificada nos primeiros anos do mandato de Roosevelt, acabou por surtir algum efeito mais perceptível somente a partir de 1933/1934, mas apenas depois que a situação econômica do país já tinha se deteriorado bastante. O nível de desemprego já era tão alto, causado em boa parte pela insistência de Hoover e Roosevelt (no caso deste, muitas vezes por determinação) para que as empresas não diminuíssem os salários, que os gastos públicos possibilitados pelos seguidos déficits, a partir de certo ponto, colaboraram para melhorar um pouco os números da economia. Entre 1930 e 1933, o PIB norte-americano havia caído quase 30%, e o desemprego em 1933 chegava a 25%*. Foi nesse cenário adverso que os seguidos déficits começaram a surtir algum efeito mais "visível" na diminuição do desemprego e na retomada do crescimento. Também não deveria ser descartada a hipótese, ao menos na visão deste que vos escreve, de que depois de ter chegado tão perto do fundo do poço, a economia americana, bastante desenvolvida para a época, possa ter começado em 1933/34, um processo quase "natural" de recuperação, causado, pelo menos em parte, por mérito de sua iniciativa privada, mesmo com o excesso de intervenção do governo Roosevelt dificultando esse processo; caso essa hipótese seja correta, algumas dúvidas persistiriam, entre elas, se a recuperação aconteceria mesmo que não acontecessem os gastos governamentais possibilitados pelos seguidos déficits, ou se os seguidos déficits ajudaram a impulsionar ainda mais essa recuperação. É bom lembrar que alguns gastos do governo buscando estimular

---

* O PIB (Produto Interno Bruto) representa a soma, em valores monetários, de todos os bens e serviços produzidos em determinada região, no caso, um país. O PIB nominal é calculado com base no ano em que o bem foi produzido e comercializado, e o PIB real é calculado a preços constantes, onde é determinado um ano-base para eliminar o efeito da inflação. O PIB real é mais indicado para análises.

a economia, foram possibilitados pelo aumento de impostos, ou seja, tirando recursos adicionais da iniciativa privada, que assim tinha menos dinheiro para investir; caso tais aumentos de impostos não tivessem existido, o papel da iniciativa privada na recuperação poderia ter sido mais expressivo, graças à maior disponibilidade de recursos que poderiam traduzir-se em investimentos. E novamente é bom frisar que o que agravou e alongou a depressão foram os sucessivos equívocos cometidos por Hoover e Roosevelt. O ajuste de salários, que não aconteceu de maneira natural, graças à incitação ou a medidas equivocadas tomadas por algum dos dois presidentes, para muitos autores deveria ter acontecido, respeitando as novas condições do mercado, pois, de maneira geral, com a queda da atividade econômica e a deflação de preços, as receitas das empresas (e seus lucros) caíram, e assim as mesmas não tinham condições de arcar com a contratação de mais funcionários, em parte graças aos valores dos salários. Isso colaborou para o desemprego subir tanto. Outros equívocos econômicos desses dois presidentes, como os já anteriormente descritos, colaboraram para o quadro recessivo. E também é necessário relembrar que os EUA levaram cerca de dez anos para atingir um PIB real semelhante ao de 1929. E que, no ano de 1939, quando esse patamar foi novamente alcançado, o desemprego ainda era de 17,2%. A economia teve alguma melhora durante os quase sete primeiros anos de Roosevelt na presidência, mas essa melhora veio a partir de uma base comparativa (os números de PIB e desemprego quando ele assumiu o governo) muito ruim. E algumas medidas do governo Roosevelt, como já dito, colaboraram para que essa melhora não fosse maior, e para que o desemprego, embora menor que no início do seu mandato, permanecesse tão alto mesmo dez anos após o *crash* da bolsa.

\*\*\*

Ante o aqui exposto, parece evidente que culpar o livre-mercado pelo *crash* de 1929, e principalmente, pela longa depressão que se seguiu, é faltar com a verdade. As políticas expansionistas do crédito realizadas pelo Fed foram a causa principal do *crash*. E a Grande Depressão que se seguiu foi resultado de políticas intervencionistas no mercado realizadas pelo presidente Hoover, principalmente; mas o presidente Roosevelt também interveio excessivamente no mercado, e entre erros e alguns acertos, também não deixou que o mercado fizesse alguns ajustes necessários para que a recessão muito provavelmente fosse mais breve. Foi um estado hiperativo, intervencionista, que não aproveitou as lições da depressão de 1920, o principal culpado pela longa duração da Grande Depressão. Colocá-la na conta do livre-mercado só mostra que esquerdistas ignoram o que realmente aconteceu, na melhor das hipóteses. Na pior, mostra que não têm nenhum pudor em adaptar a história conforme lhes for conveniente.

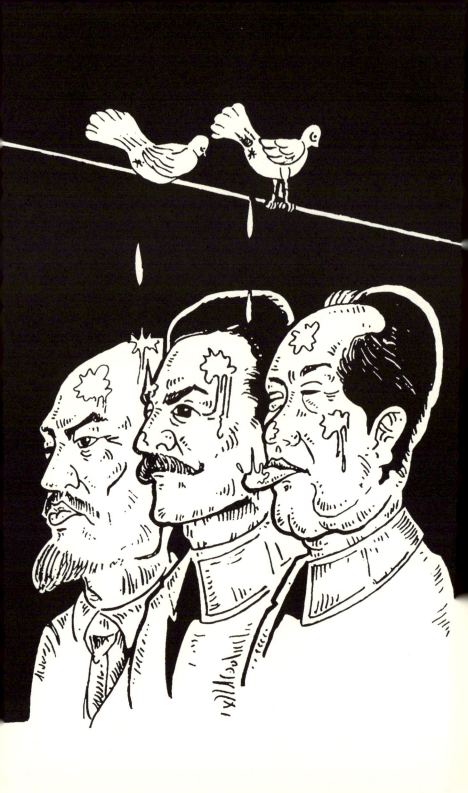

# CAPÍTULO 5

"Eu não tenho medo de mudanças. Tenho medo é de que nada mude".

# "Eu não tenho medo de mudanças. Tenho medo é de que nada mude".

**NÃO, SR. COMUNA.** Não seja ridículo. Todo ser humano minimamente inteligente sente medo perante o desconhecido. Seu discurso não passa de uma falácia para depreciar os conservadores e tentar se "rotular" (e aos esquerdistas como você) como corajoso, quando na verdade você não passa de um autoritário inconsequente que acha que sabe melhor do que as pessoas o que é bom para elas. Edmund Burke (1729-1797), filósofo britânico do século XVIII e um dos maiores expoentes do pensamento conservador, acreditava na importância de se dar valor às tradições, não por elas guardarem algo sagrado, mas por serem resultado de um longo conhecimento adquirido ao longo dos séculos. Burke considerava a cautela e a prudência as maiores virtudes políticas, pois acreditava que mudanças correm o risco de não ter um final feliz e podem vir a trazer sérios problemas se não forem pacíficas e graduais. E, apesar de óbvio (talvez não tão óbvio para alguns esquerdistas), convém lembrar que, independentemente da velocidade com que ocorram, nem toda mudança será BENÉFICA e, portanto, bem-vinda.

A essência da mentalidade conservadora é a valorização da experiência da espécie humana ao longo da história. O conservador busca conservar a ordem que foi herdada, ainda que de modo imperfeito, dos seus ancestrais. Russell Kirk (1918-1994), em seu clássico *A Política da Prudência*, escreveu que para um conservador, "a política é a arte do possível", e a função das políticas de Estado seriam preservar a ordem, a justiça e a liberdade. Platão, e posteriormente, Burke, como já dito, acreditavam que a prudência é a maior das virtudes para um estadista. Uma política pública, para Russell Kirk, não deveria ser julgada pelos seus benefícios temporários, e sim pelas suas consequências de longo prazo.

Ao contrário da imagem que o senso comum esquerdista imagina, ou da imagem que o esquerdista tenta "colar" nos conservadores, estes não são avessos a mudanças, mas acreditam que estas devem ser refletidas e moderadas. Mudanças feitas com prudência, para um conservador, são bem vindas para que não haja estagnação, mas estas dependem das circunstâncias, pois conservadores acreditam que é importante conciliar a permanência e a mudança em uma sociedade, mas sempre de forma prudente. Um conservador conhece a história, e tenta não repetir erros anteriores, e finalmente, mas não menos importante, não acredita que tudo que é novo necessariamente é melhor do que o que é velho.

Esquerdistas, de modo geral, tentam emprestar às palavras "conservador" e "conservadorismo" um caráter pejorativo, como se essas fossem características de pessoas ou de uma mentalidade geral que não colabora para o progresso. Nada mais falso. Como já dito, o conservador não é avesso à mudança; ele é avesso à mudança pela mudança, pois sabe que nem toda a mudança é benéfica. A inconsequência e a ausência total de medo perante o desconhecido não são virtudes. Querer a mudança pela mudança, muito menos. Valorizar o que se tem e ser prudente perante uma possibilidade de mudança, são indicativos de humildade e sabedoria. Virtudes, portanto.

# CAPÍTULO 6

"O governo deveria aumentar o salário mínimo para 'x' (sempre um valor muito mais alto que nos dias de hoje)".

# "O governo deveria aumentar o salário mínimo para 'x' (sempre um valor muito mais alto que nos dias de hoje)".

**NÃO, SR. COMUNA.** A única maneira de se obter aumentos de salário expressivos, de maneira sustentável, é aumentando a produtividade. Grandes aumentos do salário mínimo, incompatíveis com o aumento da produtividade, causariam desemprego em massa. As empresas "marginais" (não no sentido de serem foras-da-lei, e sim no sentido de terem margens de lucro reduzidas) seriam as primeiras a demitir (ou quebrar), pois não conseguiriam absorver estes novos custos. Desemprego significa também menos produtos sendo produzidos, o que gera escassez e em alguns casos desabastecimento, consequências bem ruins para todos, inclusive e especialmente para os pobres.

No dia 20 de abril de 2014, o PCO (Partido da Causa Operária) divulgou em seu site um artigo em que defendia um "(...) salário mínimo vital que não pode ser menor do que R$ 3.500,00." Isso em uma época em que o salário mínimo no Brasil era cerca de cinco vezes menor que esse valor. Em seguida, no próprio artigo, lia-se: "A crise econômica se aprofunda e os patrões procuram aumentar os ataques aos trabalhadores, jogando a crise nas costas da classe operária." Não sei se o leitor percebeu, mas o artigo do PCO acreditava na existência de uma crise econômica, situação em que os empresários geralmente estão com maiores dificuldades para pagar suas contas em dia, e propunha, de maneira ilógica, que o governo deveria aumentar o salário mínimo para um valor cerca de cinco vezes maior. Surreal, não?

O economista Ludwig von Mises e muitos representantes da *Escola Austríaca* de economia pregam o fim do salário mínimo. Para ele e para os defensores desta medida, a existência de um salário mínimo a ser pago, faz com que pessoas cuja produtividade no trabalho seja insuficiente para receber o valor determinado pelo governo acabem sendo alijadas do mercado de trabalho e fiquem desempregadas. Assim, a existência do salário mínimo muitas vezes seria um fator que as impede de entrar no mercado formal de trabalho, por não terem o direito de aceitar trabalhar por um valor menor que o determinado pelo Estado.

Em um artigo intitulado "Salários, desemprego e inflação", Mises escreveu:

> *Em um mercado de trabalho livre e desimpedido, sempre prevalecerá uma tendência de pleno emprego. Com efeito, a política de permitir que o livre mercado determine o nível dos salários é a única política de pleno emprego sensata e bem sucedida.*

A opinião pública comumente credita aos sindicatos o aumento de salários e a melhoria nas suas condições de vida. A verdade é que os sindicatos, na prática, tiram a chance de que uma pessoa não tão produtiva para determinada função, possa aceitar trabalhar por um valor inferior ao ratificado pelo sindicato como "piso" (menor valor que pode ser pago por uma empresa) para determinada categoria profissional. De certa forma, essa política colabora para que algumas pessoas menos produtivas não tenham oportunidade de trabalhar em determinados empregos.

O fator determinante para que o salário aumente de forma sustentável, sem causar desemprego e desabastecimento, é o aumento da produtividade de cada trabalhador. E isso só é possível com mão de obra bem capacitada, com capacidade inovadora, e principalmente, que tenha à disposição os mais modernos e eficientes bens de capital (máquinas, ferramentas e equipamentos) para tornar seu trabalho mais eficiente. Com esse "capital", mais bens e serviços podem ser produzidos e prestados em uma hora, e assim, graças a essa maior produtividade gerada, maior será a remuneração do trabalhador.

Salários que sejam aumentados acima do nível de produtividade gerarão desemprego e falências nas empresas que não tiverem "margem" para absorver esses novos custos. Desemprego gera menos bens sendo produzidos, o que diminui a abundância dos mesmos, ou seja, traz maior escassez, e em casos mais graves, desabastecimento. Só o aumento de produtividade pode gerar um aumento sustentável no salário dos trabalhadores, além de mais bens e serviços à disposição da população.

Nem todos os países têm salário mínimo. Algumas das nações mais ricas do mundo, como Dinamarca, Finlândia, Noruega, Suécia e Suíça, por exemplo, não têm. Um estudo do Cato Institute, mostrou o nível de desemprego em 2012 nos países europeus que não adotam o salário mínimo e nos que adotam. No primeiro grupo, dos que não tinham um piso mínimo, a taxa de desemprego chegou a 8%, um número inferior ao dos países europeus que adotavam esta política, em que a taxa foi de 12%. Um dos países que à época deste estudo não tinha um piso salarial mínimo (e que, portanto, foi incluído no estudo no grupo dos que não adotavam) é a Alemanha. Mas a partir de 01/01/2015, também passou a vigorar a política do salário mínimo entre os germânicos, que assim se juntaram a outros países considerados "ricos" do mundo em que vigora esta prática, como por exemplo a França, Estados Unidos, Austrália e também no Reino Unido.

Nem mesmo um alto valor como piso salarial mínimo é garantia de que a população será favorável à implementação dessa medida. Na Suíça, por exemplo, foi realizado um plebiscito em 2010, para que os habitantes pudessem votar se queriam que o país adotasse um salário mínimo, cujo valor seria equivalente a cerca de R$ 10.000 por mês. Seria o maior salário mínimo do mundo, mas 67% dos suíços rejeitaram a proposta e o país continua não adotando essa política salarial. O detalhe é que mesmo sem a existência de um piso mínimo, apenas 9% dos suíços ganha menos que o valor proposto no plebiscito,.

Na Noruega, Suécia e Dinamarca, que são conhecidos como países nórdicos, e como já dito, não adotam políticas de salário mínimo, os sindicatos negociam com empregadores e cabe a ambas as partes entrarem em consenso, junto com os funcionários, e firmarem um acordo, sem ter a lei beneficiando uma das partes. Essa "flexibilidade" na negociação possibilita que a situação econômica de cada setor (e do país) seja levada em conta, evitando criar distorções que poderiam aumentar o desemprego.

Já no Brasil, embora aparentemente o salário mínimo não seja alto, ele certamente tem um "peso" diferente para cada região e estado brasileiro. Um dono de mercearia numa cidade pequena e pobre do sertão nordestino, por exemplo, provavelmente terá maiores dificuldades para conseguir pagar o salário mínimo a um empregado do que um empregador que esteja situado em uma região do país com uma atividade econômica mais forte. A esse valor do salário mínimo brasileiro, que em alguns lugares "pesa" mais para o empregador, somam-se a burocracia brasileira e os encargos trabalhistas, que em muitos casos fazem com que o custo do empregado para o empregador seja quase o dobro do que o primeiro recebe como salário. A combinação destes fatores certamente contribui para que cerca de 40% dos brasileiros estejam na informalidade. Uma alternativa que talvez pudesse ajudar a trazer para a formalidade parte desses trabalhadores seria a adoção de pisos salariais diferentes para cada estado brasileiro.

Como vimos, a questão do salário mínimo não é unanimidade ao redor do mundo. Mas o consenso que certamente existe é o de que grandes aumentos do salário mínimo só são possíveis se houver um aumento razoavelmente compatível da produtividade do trabalhador. E a inexistência de salário mínimo em alguns países ricos, mostra que é a alta produtividade do trabalhador que gera a riqueza, e não uma canetada irresponsável de um burocrata, como parece acreditar o Partido da Causa Operária (PCO).

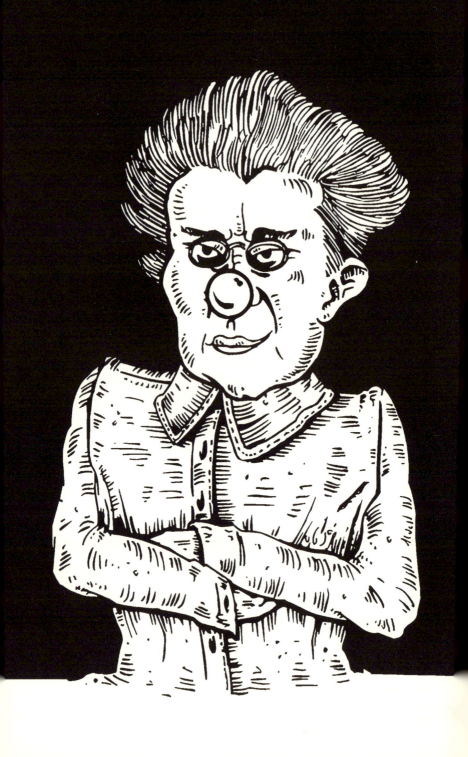

# CAPÍTULO 7

"A Educação no Brasil está livre de qualquer viés ideológico".

# "A Educação no Brasil está livre de qualquer viés ideológico".

**NÃO, SR. COMUNA.** Quem nega a existência de um viés ideológico na Educação no Brasil mostra-se ignorante a respeito do que acontece em muitas salas de aula, e também em relação ao conteúdo de muitos livros didáticos, principalmente na disciplina de História. Em muitos destes materiais, a economia capitalista é apresentada sob um prisma diferente do que é na realidade. Leiam esse trecho de um livro de história: "A globalização tende, portanto, a elevar o número de pessoas que vivem em situação de extrema pobreza, principalmente na América Latina, na Ásia e na África. O resultado tem sido a organização de movimentos de denúncia da globalização, como o Fórum Social Mundial." Trata-se de uma afirmação que dificilmente se sustenta quando observamos que a pobreza absoluta, em termos proporcionais, segundo dados do Banco Mundial, caiu para menos da metade do que era no Brasil e no mundo, no intervalo entre 1990 e 2010. A globalização beneficiou inúmeros países, como por exemplo, China,

Brasil e Índia, que atraíram grandes investimentos de empresas, que redundam em novos empregos. E muitas das empresas destes países também passaram a concorrer no mercado mundial. Segundo dados da ONU, o valor das exportações anuais de todos os países do mundo aumentou entre 1985 e 2000 de US$ 1,9 trilhão para US$ 6,3 trilhões. Os tigres asiáticos tornaram-se ricos com a entrada no mundo globalizado. A renda *per capita* nos países em desenvolvimento subiu em média 5% ao ano durante a década de 1990, bem acima dos países desenvolvidos. Após ver este conjunto de dados, você acredita que o aluno que se pautasse pela conclusão do referido livro de história teria uma percepção correta a respeito da globalização?

Infelizmente, situações como a descrita acima estão longe de serem incomuns. Observem este trecho de um outro livro, também da disciplina de História: "No início do século XXI, os resultados práticos desse modelo (neoliberalismo) começaram a aparecer nas estatísticas, revelando o que seus críticos sabiam desde o princípio: o mercado, sem controle, não distribui renda nem riqueza, concentra-as nas mãos de uma minoria. Traduzindo: enriquece mais os ricos e empobrece mais os pobres." Hong Kong e Cingapura, os dois líderes no ranking de liberdade econômica da Heritage Foundation, tornaram-se ricos apostando num modelo que provavelmente os autores do referido livro acima classificariam como neoliberal, o que mostra que essa visão deles, que contesta a liberdade econômica como geradora de prosperidade, inclusive para os mais pobres, é equivocada. Cingapura tem um gasto público sobre o PIB que é cerca da metade do norte-americano e um terço do sueco, ou seja o governo de Cingapura é menos atuante que os países citados, e conseguiu com isso gerar riqueza e ter o melhor IDH entre os países da Ásia, e o 9° do mundo.

Hong Kong tem o 2°melhor IDH da Ásia e o 15° do mundo. Lembrando que IDH é a sigla para Índice de Desenvolvimento Humano, um indicador que mede desenvolvimento econômico e qualidade de vida oferecidos à população. Resumindo: Hong Kong e Cingapura, outrora lugares pobres, atingiram a prosperidade apostando num modelo em que o Estado intervém pouco na Economia. Novamente, o aluno que se pautasse pela informação contida num livro de história para formar sua opinião, teria tudo para ter uma visão distorcida a respeito de um assunto.

Os livros didáticos são apenas uma parte do problema. Muitos professores-doutrinadores se esquecem que estão ali para educar e transmitir os fatos como eles realmente aconteceram. Os que agem assim geralmente são simpatizantes das ideias socialistas, e se aproveitam da relativa falta de conhecimento das crianças e jovens para, com o pretexto de estimular nos alunos uma espécie de consciência crítica, na verdade tentem inocular neles a sua própria visão de mundo. Aproveitam-se do fato de que geralmente não há outro adulto em sala de aula para buscar novos simpatizantes "mirins" para sua ideologia. O jovem aluno, com pouco ou nenhum conhecimento prévio a respeito de assuntos ligados ao capitalismo, geralmente "compra" sem maiores dúvidas ou questionamentos as ideias "vendidas" pelo professor, que para ele é uma espécie de autoridade nos assuntos ministrados em sala de aula. Antonio Gramsci (1891-1937), filósofo esquerdista italiano, certamente aprovaria essa postura abjeta destes educadores, digo, doutrinadores, pois ele acreditava que os socialistas deveriam buscar a hegemonia cultural. Nada melhor para conseguir esse intento do que começar o "adestramento" desde o ensino fundamental, afinal, as crianças e jovens ainda não têm o mesmo discernimento e informação que um adulto, o que as torna mais facilmente "doutrináveis".

As tentativas de doutrinação não se encerram, entretanto, quando o aluno ingressa no ensino superior. O pensamento do *establishment* nas universidades, principalmente quando estas são públicas, mas não exclusivamente nelas, é majoritariamente de esquerda. Geralmente, nestas universidades, o DCE (Diretório Central dos Estudantes) e o CA (Centro Acadêmico) são presididos e têm entre seus integrantes uma grande maioria de simpatizantes das ideias socialistas/comunistas, com raras exceções. Essa quase "hegemonia" reflete-se na principal entidade representativa dos estudantes, a UNE (União Nacional dos Estudantes), que segundo o site do jornal *O Estado de São Paulo* noticiou no dia 3 de junho de 2013, é comandada por alguém ligado ao PCdoB (Partido Comunista do Brasil) desde 1991. A UFSCar, universidade onde o autor deste livro graduou-se, passou a nomear a partir de 1996 o Anfiteatro local como "Teatro Universitário Florestan Fernandes". O homenageado foi um sociólogo esquerdista.

Um dos casos mais absurdos de apologia ao comunismo no ensino superior, e o que é pior, com o agravante de ter utilizado para isso recursos públicos, foi protagonizado pela Universidade Federal de Ouro Preto (UFOP). A universidade abrigava até pouco tempo atrás um "Centro de Difusão do Comunismo". Isso mesmo que você leu. Não se tratava de um centro destinado a apenas estudar o comunismo. O objetivo do Centro de Difusão do Comunismo (CDC), que era vinculado ao curso de Serviço Social da UFOP era inequivocamente, como atestava em seu próprio nome, difundir o comunismo. O projeto teve suas atividades suspensas devido à decisão da Justiça Federal do Maranhão, publicada em 14 de agosto de 2013. À época, a página na internet do Instituto de Ciências Sociais Aplicadas da UFOP informou que isso acarretou a perda de bolsa de pesquisa para cerca de vinte alunos. A Universidade Federal de Ouro Preto, como vimos, estava abertamente autorizando o gasto de recursos públicos, não para estudar uma ideologia, mas para difundi-la, o que estava explícito no nome do CDC. Felizmente a Justiça suspendeu essa farra.

Preocupados com a doutrinação ideológica em terras tupiniquins, um grupo de pais e estudantes formou o *Escolasempartido.org*, uma associação informal, independente, sem fins lucrativos e sem qualquer espécie de vinculação política, ideológica ou partidária. Um anteprojeto criado pelos seus membros serviu de base para diversos projetos de lei que foram apresentados em algumas assembleias legislativas estaduais e câmaras de vereadores municipais. No anteprojeto de lei estadual criado pelo *Escolasempartido.org*, existem importantes diretrizes para evitar que continue existindo doutrinação ideológica em sala de aula, como por exemplo:

Art. 3º. No exercício de suas funções, o professor:

I - não se aproveitará da audiência cativa dos alunos, com o objetivo de cooptá-los para esta ou aquela corrente política, ideológica ou partidária;

II - não favorecerá nem prejudicará os alunos em razão de suas convicções políticas, ideológicas, morais ou religiosas, ou da falta delas;

III - não fará propaganda político-partidária em sala de aula nem incitará seus alunos a participar de manifestações, atos públicos e passeatas;

IV - ao tratar de questões políticas, socioculturais e econômicas, apresentará aos alunos, de forma justa, as principais versões, teorias, opiniões e perspectivas concorrentes a respeito;

V - respeitará o direito dos pais a que seus filhos recebam a educação moral que esteja de acordo com suas próprias convicções;

VI - não permitirá que os direitos assegurados nos itens anteriores sejam violados pela ação de terceiros, dentro da sala de aula.

O anteprojeto prevê também que cartazes baseados nessas diretrizes devam ser expostos nas salas de aula, nas salas dos professores e em locais onde possam ser lidos por estudantes e professores.

Em nível nacional, o deputado Izalci, do PSDB/DF apresentou na Câmara dos Deputados, em 23 de março de 2015, o Projeto de Lei nº 867/2015, que inclui entre as diretrizes e bases da educação nacional o "Programa Escola sem Partido".

Algumas pessoas podem acreditar que medidas como as sugeridas pelo *Escolasempartido.org* diminuem a liberdade do professor. Trata-se de uma questionamento interessante, que traz um dilema para os que prezam a liberdade, entre esses, este que vos escreve. A Constituição determina que o ensino seja ministrado com base em alguns princípios, entre eles, a "liberdade de aprender, ensinar, pesquisar e divulgar o pensamento, a arte e o saber" e também o "pluralismo de ideias e de concepções pedagógicas e coexistência de instituições públicas e privadas de ensino". Mas é válido frisar que a liberdade do professor ensinar continuaria existindo, caso uma lei baseada no anteprojeto citado fosse sancionada. O que o anteprojeto do *Escolasempartido.org* busca coibir é a doutrinação. Talvez ele não fosse desejável (ou necessário, depende do ponto de vista de cada um) se a educação não fosse obrigatória dentro de determinada faixa etária. Ou se os pais pudessem optar pelo *homeschooling* (ensino em casa). Mas ainda que não existisse nenhuma espécie de obrigatoriedade do ensino e que fosse permitido o ensino exclusivamente em casa, restaria ainda outra objeção, de ordem econômica: o dinheiro do pagador de impostos, que custeia a educação, deveria ser utilizado para essa função, educar (ou melhor, ensinar), e não para que alguns professores tenham a liberdade de doutrinar as crianças de acordo com sua preferência ideológica, concordam?

A doutrinação ideológica muitas vezes passa desapercebida dos pais. E até mesmo dos próprios alunos, quando realizada de forma sutil e dissimulada por professores esquerdistas. Olavo de Carvalho escreveu a respeito dessa tática:

> *Também é preciso que algumas crenças sejam inoculadas sem palavras, através de imagens ou gestos, de modo que não possam ser examinadas pela inteligência reflexiva sem um penoso esforço de concentração que poucas pessoas se dispõem a fazer. Assim é possível consolidar reações tão padronizadas e repetitivas que, em certas circunstâncias, um simples muxoxo ou sorriso irônico funciona como se fosse a mais probante das demonstrações matemáticas.*

Desta maneira, o doutrinado muitas vezes nem percebe que está sendo manipulado pelo doutrinador.

Quando professores distorcem fatos, buscando com isso que os alunos tornem-se futuros simpatizantes do socialismo, o prejuízo destes não se encerra na questão política/ideológica, o que por si só já seria ruim. Outro efeito adverso da doutrinação é que toda informação distorcida do que é verdade que o aluno vier a receber, colaborará para que este crie uma visão de mundo distorcida também. Alem disso, alunos que tiverem aulas com professores-doutrinadores podem vir a acreditar menos no mérito individual. Isso pode vir a desestimulá-los a estudar com mais afinco, e futuramente, pode também desestimular esses alunos a empreender, a tentarem buscar o lucro como gratificação por seu empenho. E não podemos deixar de enfatizar a importância dos empreendedores para a geração da prosperidade em um país.

O questionamento que fica é: quando alguns "professores-doutrinadores" vão deixar de ser propagadores da ideologia socialista em sala de aula e passarão a simplesmente ensinar? Quando deixarão de ser ideólogos para com seus alunos, e passarão a ser verdadeiramente Professores, com "P" maiúsculo?

# CAPÍTULO 8

"Boa parte dos artistas
(e intelectuais) são esquerdistas
porque são altruístas, porque
se preocupam com os menos
favorecidos".

# "Boa parte dos artistas (e intelectuais) são esquerdistas porque são altruístas, porque se preocupam com os menos favorecidos".

**NÃO, SR. COMUNA.** Esta sua visão "romântica" a respeito da classe artística não explica adequadamente o pensamento de grande parte dos artistas. É claro que, em algum grau, quase todos os artistas e intelectuais provavelmente se preocupam com os pobres; e o mesmo provavelmente acontece também com o restante da população. Mas vou lhe explicar as verdadeiras razões que levam boa parte dos artistas a "penderem" para a esquerda. Raros devem ser os que não se "enquadram" em nenhuma destas características:

- Primeiramente, boa parte dos artistas são esquerdistas por ignorância. A maioria desconhece quase completamente os processos de mercado, desconhece os fatores que levam ao enriquecimento de uma nação, pouco ou nada leem a respeito, e ainda por cima geralmente sofreram doutrinação ideológica por parte dos professores da área de humanas ao longo de sua formação;

- Outro motivo para que muitos artistas repudiem o capitalismo é a INVEJA. Muitos não aceitam que empresários às vezes com pouca instrução sejam ricos enquanto eles não têm sua "arte" reconhecida como acreditam que deveria ocorrer;
- Artistas geralmente sofrem também de SOBERBA: enquanto empresários para se destacar necessitam oferecer ao público o que este deseja, muitos artistas acreditam que podem "dizer" ao público o que este deve desejar. Chegam, inclusive, ao ponto de pensar que sabem mais do que nós mesmos sobre o que devemos fazer e como devemos agir. E, no entanto, como dito, eles sabem muito pouco sobre o que se passa no mundo;
- E, por último, muitos artistas são esquerdistas por interesse ($$$). Num sistema capitalista de livre-mercado "puro", artistas não poderiam mais usufruir das verbas do governo, leis Rouanet da vida, patrocínios de estatais etc., ou seja, precisariam sobreviver da própria arte. Estariam, assim, sujeitos às "leis do mercado", em que os consumidores é que mandam. É muito improvável que os que se beneficiam financeiramente de algum dos meios citados gostaria de abrir mão deles, concordam?

Entre 2008 e 2011, a Petrobrás, empresa estatal de capital aberto, gastou R$ 652 milhões com patrocínios culturais. Um valor nada módico, não? E existem muitas outras estatais despejando dinheiro no mercado cultural também. Mas não param por aí os benefícios governamentais para a classe artística. O vale-cultura de R$ 50,00 proposto pela ex-ministra da cultura Marta Suplicy deverá injetar bilhões de reais no mercado cultural. Outro exemplo: em 2012, o governo autorizou a Ancine a usar R$ 400 milhões de reais do Fistel (Fundo de Fiscalização das Telecomunicações) para aumentar as produções brasileiras. Como vemos, ter um partido socialista no poder (o PT), é um bom negócio para a classe artística. Uma Petrobrás privatizada, uma bandeira de muitos liberais, poderia " fechar a torneira" dos patrocínios culturais. Um partido liberal no poder poderia deixar de "financiar" com o dinheiro dos impostos os artistas, submetendo estes às leis do mercado, onde só os mais competentes em atender os interesses dos consumidores teriam êxito financeiro. No mínimo, é conveniente para boa parte dos artistas defenderem políticas de esquerda atualmente no Brasil.

Conhecer o funcionamento do mercado, entender de economia, entender o processo de geração de riqueza, não é uma tarefa tão simples como sair por aí simplesmente criticando este sistema. A preguiça intelectual, a falta de interesse em ler autores liberais para poder formular uma opinião crítica sem ter que recorrer a jargões baseados no senso-comum, que quase sempre trata o capitalismo de forma pejorativa, ignorando ou se esquecendo que é ele que gera a riqueza que alimenta os cofres dos "artistas", pesam na hora de um artista emitir suas opiniões publicamente. Geralmente para um artista é mais fácil cultivar uma imagem de cidadão que se preocupa com os pobres criticando o capitalismo. Estudar para entendê-lo, como já dito, dá trabalho, e defendê-lo perante uma população que pouco entende a respeito dos benefícios dele, não é tarefa simples. Sem contar que, como nem sempre as escolhas dos projetos que receberão benesses estatais são baseadas totalmente em critérios objetivos, muitos podem ter receio de emitir opiniões contrárias à ideologia dos governantes "da vez".

Os artistas que não têm sucesso em suas carreiras muitas vezes também se julgam incompreendidos, pois acreditam que as pessoas deveriam valorizar mais sua arte. Muitos acreditam que sua profissão é mais "nobre" que a maioria das profissões exercidas pelo cidadão comum. Em vez de assumirem que não foram, por alguma razão, competentes em oferecer o que os consumidores apreciam, preferem criticar o capitalismo, como se este sistema, que se baseia em trocas voluntárias, tivesse alguma "culpa" pelos seus anseios não realizados. O artista, ressentido então, fecha os olhos para a realidade: as pessoas não acham que estarão em melhor situação se derem seu suado dinheiro em troca da sua arte.

Considerando o que foi exposto até aqui, faço um questionamento: por que se dá tanta importância e relevância à opinião de artistas famosos sobre assuntos relacionados à política? A dúvida vem da observação de que, como dito, com raras exceções, as opiniões e posicionamentos dos artistas sobre tais assuntos são rasas e superficiais. A visão dos mesmos sobre o funcionamento do mercado, causada por um misto de ignorância (pouco leem sobre) e inexperiência (excetuando-se as dificuldades relativas à sua profissão, pouco contato tiveram com o mercado), geralmente não acrescentaria quase nada ao que uma singela dona de casa já sabe. O senso-comum, a hipocrisia e muitas vezes o interesse próprio geralmente dão o tom na opinião dos artistas. E essa combinação de fatores faz com que muitos, quando entrevistados, exponham uma visão um tanto pejorativa do capitalismo. Muitos deles acreditam que os empresários "só querem ganhar às custas dos empregados". Outros acham que empresários têm uma obrigação "moral" de patrocinar projetos artísticos. Estes últimos desconhecem ou fingem desconhecer que a função de uma empresa não é essa, e sim, satisfazer seus consumidores para gerar lucro para seu proprietário e/ou acionistas. E que, se a empresa for competente nessa tarefa, gerará maior bem estar para os consumidores. Artistas deveriam levar esta lógica do mercado para o "mundo" artístico, deixando de ser estado-dependentes, e passando a ser dependentes da vontade dos consumidores. Como o são os empresários.

# CAPÍTULO 9

"Economia é jogo de soma zero. Para alguém ganhar, outro deve perder. Os pobres são pobres porque os ricos são ricos".

# "Economia é jogo de soma zero. Para alguém ganhar, outro deve perder. Os pobres são pobres porque os ricos são ricos".

**NÃO, SR. COMUNA.** A economia não é um jogo de soma zero. A quantidade de bens de consumo no planeta não é fixa, muitos destes têm que ser produzidos (espero que sua aversão ao capitalismo não o faça imaginar que todos os produtos "dão" em árvores) e, portanto, ninguém precisa tirar um bem de outrem para tê-lo, pois mais bens podem ser produzidos. E o livre-mercado possibilita como nenhum outro sistema que o "bolo cresça" (que mais bens sejam produzidos), e assim permita fatias cada vez maiores para as pessoas, exceto se o Estado entrar em cena e pegar para ele uma grande fatia deste bolo. Resumindo: mais bens produzidos são mais bens à disposição das pessoas, e mais pessoas tendo a chance de ter acesso aos mesmos a preços mais baixos. Todos ganham nesse arranjo. E não nos esqueçamos também (analisando agora uma transação comercial) que em um sistema de livre-mercado, em que as trocas são voluntárias, tanto o comprador quanto o vendedor estão em melhor situação após negociarem. Quem compra valorizou mais a mercadoria que seu próprio dinheiro, e quem vende, exatamente o oposto. "A melhor maneira de você conseguir o que quer, é me dar o que eu quero", disse séculos atrás Adam Smith (1723-1790).

Para os que acreditam nessa falácia de que a economia é um jogo de soma zero, é como se no mundo só existisse sempre a mesma quantidade de bens à disposição da população, e que se uma pessoa tem duas unidades de determinado bem e outra pessoa não tem nenhuma, o único jeito de fazer com que esta última tenha acesso a tal bem é distribuir os daquela que tem mais para ela. Mas sabemos que este raciocínio é equivocado por uma simples razão: a quantidade de bens à disposição da população não é fixa.

Num sistema de livre-mercado capitalista, a divisão e especialização do trabalho e o estímulo ao aumento da produtividade, propiciado principalmente pelo respeito à propriedade privada, fazem com que indivíduos em busca de seus próprios interesses acabem se organizando de uma maneira que possibilita aumentar a oferta de bens e serviços, o que é benéfico para toda a população. Desta maneira, podemos refutar categoricamente a afirmação de que economia é um jogo de soma zero. Economia é um jogo em que o saldo final é positivo. E expansivo. Mais bens à disposição da população.

Quando um empresário honesto enriquece num sistema de livre-mercado, também não podemos dizer que isso foi à custa dos mais pobres. Muito pelo contrário. Foi graças ao oferecimento de um bem ou serviço de forma eficiente para a população que o empresário prosperou, e essa eficiência possibilitou a satisfação das necessidades de outras pessoas. Uma maior quantidade de bens e serviços à disposição de uma população causa a elevação do padrão de vida dessa população. Quando um empresário tem sucesso em produzir com eficiência, ele não beneficia apenas a si próprio, mas aos consumidores também. Inclusive e principalmente aos mais pobres.

Se essa falácia de "soma zero" tivesse fundamento, não existiria crescimento econômico. O PIB global não aumentaria. Com o aumento da população e um bolo que não cresce, a fatia à disposição de cada indivíduo seria a cada dia menor. Mas como todos sabem, a população mundial aumenta constantemente, e graças ao aumento da produtividade, a cada dia temos mais prosperidade, mais acesso a bens e serviços. O bolo está crescendo a cada dia mais, e a fatia à disposição de cada um também.

# CAPÍTULO 10

"Não foi o verdadeiro socialismo".

# "Não foi o verdadeiro socialismo".

**NÃO, SR. COMUNA.** Não faça isso. Não seja DESONESTO. Esse seu argumento é provavelmente a desculpa mais esfarrapada da história. Primeiramente, ele não é um argumento conclusivo, ele é um argumento de FUGA, que poderia ser usado para sempre, a cada nova vez que o socialismo desse errado. Além disso, se a aplicação de uma teoria dá errado, é porque a teoria não era tão boa assim, e no caso das ideias de Karl Marx, isso foi comprovado, pois Ludwig Von Mises mostrou teoricamente a impossibilidade do cálculo econômico num regime socialista, em que os meios de produção sejam propriedade comunal (ou seja, de todos). Neste tipo de organização da sociedade, não existe um mercado livre para os bens de capital, e se não existe mercado entre eles, é impossível a formação de preços legítimos. E sem essa formação de preços legítimos, a atividade econômica perde o caráter racional, e os investimentos são feitos de forma ineficiente, lembrando que eficiência significa atender às demandas das pessoas com o menor gasto possível. E Friedrich August Von Hayek (1899-1992) explicou também que, como o conhecimento está disperso na sociedade, um planejador central socialista não consegue ter a mesma eficiência que um arranjo de livre-mercado possui, afinal, neste último, as decisões são descentralizadas e tomadas de acordo com as circunstâncias e necessidades de cada pessoa. O socialismo como fomentador de prosperidade foi refutado sob o prisma da ciência econômica. E a aplicação prática do socialismo (das ideias equivocadas de Marx, principalmente) causou a miséria em todos os lugares do mundo em que foi testada. Sem exceção. Como já seria de se esperar, considerando o exposto acima.

O cálculo econômico e, consequentemente, todo o planejamento tecnológico, só é possível quando existem preços em dinheiro, tanto para bens de consumo, como para os fatores de produção. Para o famoso economista austríaco, sem um mercado com livre concorrência para todas as matérias–primas, artigos semiacabados, instrumentos e máquinas, todos os tipos de trabalho e serviços humanos, não há como fazer o cálculo econômico, e assim sendo, não existe racionalidade na formação dos preços . E, sendo o mercado totalmente dinâmico e dependente das vontades e necessidades, muitas vezes subjetivas e variáveis, de todas as pessoas da sociedade, é impossível a um planejador central tomar todas as decisões com a mesma eficiência que o mercado, ou seja, o conjunto das pessoas da sociedade, toma. Não há como um planejador central, até os dias de hoje, mesmo com toda tecnologia atual, ser tão eficiente quanto o mercado na hora de estabelecer os preços. Sobre esta impossibilidade, Yuri Maltsev (1950) escreveu:

*Existem milhões de tipos de produtos e centenas de milhares de empresas; são necessárias bilhões de decisões relativas a insumos e produtos, e os planos devem abranger todas as variáveis relativas à força de trabalho, à oferta de materiais, aos salários, aos custos de produção, aos preços, aos "lucros planejados", aos investimentos, aos meios de transporte, ao armazenamento e à distribuição. E mais: essas decisões se originam de diferentes partes da hierarquia planejadora. Mas essas partes são, em regra, inconsistentes e contraditórias entre si, uma vez que cada uma reflete os interesses conflitantes de diferentes estratos da burocracia.*

A propriedade privada e a livre-concorrência na busca pela preferência dos consumidores possibilita a formação de preços, salários e juros de forma eficiente. Em um sistema capitalista, em que existe a possibilidade de haver lucros e prejuízos, os empreendedores são estimulados a direcionar o uso dos bens de capital para atender as necessidades mais urgentes dos consumidores. E como as decisões são descentralizadas, os empreendedores podem alterar sua produção com mais agilidade, de acordo com as mudanças nas preferências dos consumidores.

Mas em um sistema socialista, a formação dos preços não mais reflete a preferência dos consumidores. E sem um sistema de preços livres, sem a possibilidade de obter lucros e prejuízos, a formação dos preços deixa de ter racionalidade econômica, o que gera ineficiência na alocação dos recursos. Assim, não há como saber se a produção está indo de encontro aos interesses dos consumidores. Resumindo: um sistema socialista é muito menos eficiente em atender as necessidades das pessoas, em produzir o que elas realmente querem consumir. E como as decisões não são descentralizadas como no livre-mercado, as mudanças nas preferências dos consumidores não são percebidas com rapidez.

Sobre a importância da descentralização na tomada de decisões para maximizar a eficiência nas decisões econômicas, Hayek, ganhador do Nobel de economia de 1974, escreveu:

> *Se pudermos convir que o problema econômico da sociedade é basicamente uma questão de se adaptar rapidamente às mudanças das circunstâncias particulares de tempo e lugar, parece ser evidente que, por consequência, as decisões fundamentais devem ser deixadas a cargo de pessoas que estejam familiarizadas com essas circunstâncias, que possam conhecer diretamente as mudanças relevantes e os recursos imediatamente disponíveis para lidar com elas. Não podemos esperar que essa problema seja resolvido por meio da transmissão de todo esse conhecimento para um diretório central que, depois de ter integrado todo esse saber, emita uma ordem.*

Como teoricamente foi mostrado, alocar recursos de forma eficiente, ou seja, nas aplicações mais produtivas, buscando atender às necessidades e vontades de cada um, é uma tarefa impossível quando feita de maneira centralizada. Desta forma, já seria de se esperar que os países que adotassem um regime socialista não conseguissem a prosperidade que os países capitalistas atingiram. A história confirmou o que a teoria de Mises mostrou. A experiência socialista foi um fracasso retumbante em todos os países que submeteram suas populações a este tipo de ideologia.

Além da impossibilidade do cálculo econômico, o socialismo também não oferece incentivos aos indivíduos inovadores e com vocação empreendedora, pois estes não podem se apropriar dos frutos de seu trabalho de maneira individual. Um sistema que não permite a concorrência e nem a propriedade privada dos meios de produção não oferece estímulo suficiente para que os mais capazes procurem se destacar em relação aos demais. Num sistema de livre-mercado, os que se destacam podem ganhar mais, mas trazem benefícios aos demais também, pois com o aumento da produtividade, as pessoas terão mais bens e serviços à sua disposição. Não é de se surpreender, portanto, que os países que adotaram o socialismo não tenham atingido o sucesso econômico.

Ante o aqui exposto, parece óbvio que as pessoas que desejam que uma quantidade maior de bens seja produzida, e que desejam que esses bens reflitam realmente as preferências do mercado consumidor, deveriam preferir um sistema de livre-mercado. Os que mesmo assim continuarem defendendo regimes socialistas, o farão sabendo que tal sistema não tem racionalidade econômica e, portanto, é um sistema que resulta em uma menor produção de bens de consumo, o que torna o acesso a eles mais difícil e restrito.

Estima-se que sejam cerca de 100 milhões as mortes causadas por regimes socialistas, segundo o *Livro Negro do Comunismo**, por causas variadas, estando entre elas, por exemplo, a fome generalizada causada por políticas desastrosas ou execuções sumárias de dissidentes. Alguns países tiveram um negativo destaque no quesito

---

* *O livro negro do comunismo* – Crimes, terror e repressão, COURTOIS, Stéphane com outros cinco autores. Bertrand Brasil: Rio de Janeiro, 1997.

horror: no Camboja, sob as ordens de Pol Pot (1925-1998), em três anos e meio de fome e tortura foram mortas dois milhões de pessoas, um quarto da população do país. O mesmo livro estima em vinte milhões os mortos sob os governos socialistas na URSS, e em 65 milhões os mortos graças ao socialismo na China. Existem variações significativas entre as estimativas, mas a grandeza dos números de mortes sempre impressiona.

Mas seguramente nada impressiona mais do que a cara de pau dos que dizem que todos os fracassos não foram causados pelo "verdadeiro" socialismo, preferindo fechar os olhos para a realidade de que uma teoria que não permite a liberdade (para que isso acontecesse todas as pessoas deveriam voluntariamente aderir ao sistema, sem coerção), que impossibilita o cálculo econômico e que não incentiva o empreendedorismo e a criação de riqueza tem tudo para dar errado. Como sempre deu, como nos mostra a história.

# CAPÍTULO 11

"O capitalismo tira a liberdade das pessoas".

# "O capitalismo tira a liberdade das pessoas".

**Não, sr. comuna.** O que o capitalismo faz é exatamente o contrário: ele dá às pessoas a possibilidade de se integrarem na sociedade para buscar seu sustento da maneira que acharem melhor. Cada indivíduo, num sistema capitalista, tem a liberdade para usar da melhor maneira suas aptidões, para buscar qualificar-se, para, assim, estar apto a atender as necessidades e vontades das outras pessoas e, em contrapartida, ter as próprias necessidades e vontades atendidas também. Adam Smith (1723-1790), importante filósofo e economista escocês, considerado por muitos como o "pai da economia moderna", lembrava também que o capitalismo estimula, de forma prática, a cooperação entre as pessoas: "A melhor forma de você conseguir o que você quer, é me dando o que eu quero". As pessoas que tiverem sucesso em atender as necessidades das outras pessoas, em adicionar valor na vida delas, são as que têm maiores chances de serem mais valorizadas e recompensadas pelos outros também.

Muitas pessoas reclamam que estão sendo pouco valorizadas profissionalmente, pouco reconhecidas. Será que estas pessoas já pararam para pensar em quanto de "valor" estão adicionando à vida das outras pessoas? Em um mundo livre, a tendência é que o reconhecimento e a valorização sejam proporcionais ao valor que você agrega à vida dos outros. O famoso jogador de futebol Neymar, que joga na equipe do Barcelona, é valorizado porque adiciona valor à vida das pessoas, que voluntariamente consomem tudo que é ligado a ele (público nos estádios, transmissão dos jogos na TV, produtos que ele anuncia etc.), gerando volumosas receitas. Ele não impôs nada a ninguém, não obrigou as pessoas a consumir nada que tem a participação dele. Na verdade, ele conseguiu o sucesso profissional, como dito, adicionando valor à vida das pessoas. Foi feliz (teve sorte) em se destacar em algo que é valorizado pelas pessoas do nosso tempo. E soube explorar essa potencialidade para se integrar profissionalmente na sociedade a partir dela, gerando com isso um grande benefício para si próprio.

O capitalismo permite a cada indivíduo explorar suas potencialidades da melhor maneira possível para adicionar valor à vida das outras pessoas. Quanto mais valor você gerar na vida delas, maiores serão as chances de que você seja valorizado também. A sua remuneração, em um sistema de livre-mercado, não será, portanto, diretamente proporcional ao mérito ou ao seu esforço pessoal, e sim à quantidade de valor que você adiciona à vida das outras pessoas. Mas é de certa forma óbvio que, se as outras variáveis forem constantes, se você encontrar um modo de gerar valor para os outros num sistema de livre-mercado, o mérito e o esforço pessoal tendem a fazer com que você consiga maior valorização profissional também.

Todos somos livres para nos integrar à sociedade de maneira lícita, do jeito que acharmos melhor, desde que nos tornemos aptos, legal e tecnicamente, para determinado trabalho. Pode ser que o trabalho que você realiza, por mais bem feito que seja, não seja muito demandado pelas pessoas, ou praticamente deixe de ser valorizado por elas. Mudanças culturais e na preferência dos consumidores acontecem, e cabe a cada um avaliar os ônus e os bônus que terá em permanecer em determinado emprego/profissão. Se você está sendo pouco reconhecido e valorizado por seu trabalho, é quase certo que está gerando pouco valor na vida dos outros. E se não for esse o seu caso, você é livre para mudar de emprego, ou até de profissão.

Em um sistema de livre-mercado genuíno, você deveria ser livre até para não fazer nada disso, ou seja, se preferisse, poderia esquecer esse negócio de gerar valor para os outros, e simplesmente viver da agricultura de subsistência, se tiver alguma propriedade (bem... talvez tenha que dar um jeito de arrumar dinheiro para pagar impostos sobre a terra, se estes existirem), ou viver da caridade voluntária, caso tenha quem o ajude. O livre-mercado possibilita a cada um a liberdade de se integrar na sociedade da maneira como achar melhor. Ao Estado, cabe ajudar os que temporária ou permanentemente não tenham condições de garantir o próprio sustento, seja por invalidez, idade avançada ou algum outro motivo. Mas parece óbvio que os que ainda são produtivos têm mais chance de terem maior conforto material caso integrem-se na sociedade buscando adicionar valor na vida dos outros.

Mises, indo nessa linha, já dizia: "Quando há economia de mercado, o indivíduo tem a liberdade de escolher qualquer carreira que deseje seguir, de escolher seu próprio modo de inserção na sociedade". Margareth Thatcher sintetizou:

*Deixe-me dizer em que acredito: no direito do homem de trabalhar como quiser, de gastar o que ganha, de ser dono de suas proprie-dades e de ter o Estado para lhe servir e não como seu dono. Essa é a essência de um país livre, e dessas liberdades dependem todas as outras.*

"O capitalismo não é condição suficiente para a liberdade, mas é uma condição necessária à liberdade. Onde existe liberdade, existe capitalismo." O autor destas palavras, Milton Friedman (1912-2006), sintetizou com brilhantismo a importância do capitalismo para a existência da liberdade, mas não como garantidor desta. Ele lembrava que a Itália fascista, a Espanha fascista, a Rússia czarista antes da Primeira Guerra Mundial, embora tenham tido a iniciativa privada como forma dominante de organização econômica, não tinham liberdade política. Mas ele lembrava que a história sugere que a liberdade econômica, apesar de não ser garantia para a liberdade política, é uma condição necessária para ela:

*Os dados históricos apontam unanimemente para a relação entre as liberdades política e econômica. Não consigo pensar em um único exemplo em qualquer época e em qualquer lugar onde tenha havido um alto nível de liberdade política sem existir ao mesmo tempo algo comparável a uma forma de mercado de iniciativa privada, organizando a economia, para a maior parte da atividade econômica.*

No Brasil, em que existe um sistema capitalista, é permitido aos indivíduos que se autodeclaram socialistas (e mesmo aos não-socialistas), que se unam a um número determinado de outros indivíduos, socialistas ou não, para formar uma cooperativa, para assim trabalharem juntos, sem patrões. Ou seja, em nosso sistema capitalista, é permitido aos que assim desejarem, trabalhar em várias atividades como cooperados, sem patrões (desde que cumpram certas regras preestabelecidas). Existe essa liberdade. O questionamento que fica é: em um sistema socialista, os indivíduos que não quisessem aderir a tal sistema, teriam a liberdade de tentar, na linguagem popular, "ganhar a vida" da maneira que achassem melhor, trabalhando no ramo em que quisessem, ou mesmo empreendendo e arcando com ônus e bônus, ou seja, com os lucros ou prejuízos de tal decisão? Assim, teriam a liberdade que têm hoje em um sistema de livre-mercado?

A liberdade econômica é fundamental para que os indivíduos possam ser livres. Através dela, cada pessoa pode escolher a carreira profissional que desejar, escolher a melhor maneira para garantir seu sustento, e se integrar a partir daí na sociedade. "É verdade que a liberdade possível numa economia de mercado não é uma liberdade perfeita no sentido metafísico. Mas a liberdade perfeita não existe. É só no âmbito da sociedade que a liberdade tem algum significado." Ludwig von Mises, o autor desta frase, dizia também que quando nos referimos aos seres humanos, a palavra liberdade tem o significado de liberdade na sociedade. E existem apenas duas formas pelas quais um grande número de pessoas pode se organizar na sociedade: uma seria por intermédio de uma direção central, que é o método dos estados autoritários, onde algumas pessoas dizem a outras o que fazer; e a outra, por intermédio da cooperação voluntária, num sistema de livre-mercado, onde as pessoas fazem trocas voluntárias em que ambas estão em melhor situação após a troca do que anteriormente a ela. Essa forma funciona sem necessidade de coerção, e sim através

. 103

da cooperação. Este arranjo "protege" indiretamente as pessoas: um empregador se protege de ser coagido pelos funcionários graças à existência de outras pessoas que ele pode contratar. Funcionários são protegidos da coação de empregadores por terem outros empregadores para quem eles podem trabalhar; e finalmente, consumidores são protegidos pela existência de outros vendedores.

Esse arranjo desagrada aos indivíduos autoritários, pois em um autêntico sistema de livre-mercado eles não poderiam "moldar" a vontade das pessoas, ou seja, não poderiam determinar o que as pessoas devem fazer e/ou consumir de acordo com o que acreditam que seria bom para elas. No livre-mercado as pessoas são livres para irem atrás de seus próprios interesses, embora existam infelizmente alguns limites à liberdade ainda nos dias de hoje. Mas entre socialismo e capitalismo (ou livre-mercado), me parece bastante óbvio que a liberdade está muito mais presente no último, ainda que não da forma "ideal". É no mínimo incoerente ver um socialista falando em "ausência de liberdade" para alguns no capitalismo. Mesmo que para fins didáticos aceitássemos tal premissa, que liberdade teria um defensor do socialismo para oferecer? Como querem nos convencer de que é possível haver liberdade num sistema em que todos perderiam a autonomia de tomar suas decisões? Como alguém pode preferir transferir para um burocrata o seu destino ao invés de ser livre para escolher?

# CAPÍTULO 12

"A Revolução Industrial na Inglaterra piorou a vida de mulheres e crianças".

# "A Revolução Industrial na Inglaterra piorou a vida de mulheres e crianças".

**NÃO, SR. COMUNA.** Essa visão da história foi realidade para algumas pessoas durante a Revolução Industrial, mas quando analisamos o contexto em que ela aconteceu, percebemos que se trata de uma meia-verdade. É fato que a Revolução Industrial acabou não sendo benéfica para alguns indivíduos que vieram a falecer, por várias razões "ligadas" às fábricas, como por exemplo, em virtude de acidentes de trabalho ou por causa das condições insalubres de determinadas funções, ou até por situações causadas pelas condições sanitárias ruins de algumas localidades que tinham fábricas. Mas a outra parte da verdade é que as vagas abertas nas fábricas durante a Revolução Industrial trouxeram emprego a uma parte da população que tinha grandes dificuldades para garantir sua subsistência, pela quase total ausência de boas oportunidades de trabalho à disposição. Ludwig von Mises, há mais de cinquenta anos, explicou que antes da Revolução Industrial, na Inglaterra, muitas mulheres não tinham praticamente o que cozinhar, e muitas crianças estavam famintas, estavam morrendo. As condições nas fábricas eram realmente ruins, principalmente para os padrões de hoje, mas para boa parte das pessoas que nela trabalhavam e conseguiram sobreviver às condições adversas, as oportunidades geradas pela Revolução Industrial foram quase uma "tábua de salvação", uma nova opção em que puderam tentar se agarrar para tentar sobreviver, pois muitas delas antes subsistiam em condições ainda piores.

Antes de continuar esta explanação, é necessário contextualizar a época em que a Revolução Industrial aconteceu. A Inglaterra do século XVIII tinha uma população de 6 ou 7 milhões de habitantes, e destes, mais de um milhão - provavelmente dois - não passavam de indigentes a quem o sistema social em vigor nada proporcionava. Essa população "excedente", sem terras herdadas ou bens, não tinha ocupação. O cercamento das propriedades rurais iniciado no século XVI e intensificado no século XVIII, e o emprego pelos proprietários de novas técnicas de agricultura, levaram por um lado a uma maior disponibilidade de alimentos, mas tornou a vida muito difícil para algumas pessoas no campo. Muitos migraram para as cidades. O sistema social existente à época, não estava sendo elástico o suficiente para conseguir suprir as necessidades de uma população que crescia de forma contínua. Ludwig von Mises apontou outro problema: "A vida mercantil estava impregnada de privilégios e monopólios; seus instrumentos institucionais eram as licenças e as cartas patentes; sua filosofia era a restrição e a proibição de competição, tanto interna como externa." O resultado dessa combinação de fatores é que o número dessas pessoas sem uma ocupação definida crescia cada vez mais. Na época da colheita, recebiam uma ninharia por um trabalho ocasional nas fazendas. No restante do tempo, dependiam da caridade privada e da assistência pública municipal.

Foi dessa situação social difícil que surgiram as bases do capitalismo moderno. A maioria dos primeiros industriais era oriundo da mesma classe social que os operários de suas fábricas. O capital fixo das firmas individuais era insuficiente, e era muito difícil e cara a obtenção de crédito. A maior parte dos proprietários de fábricas foi à bancarrota, segundo Mises. Poucos foram os bem-sucedidos, comparativamente. Não produziam artigos caros, destinados às classes mais altas. Suas inovações destinavam-se a todos, inclusive às camadas mais baixas da população. Era o começo da produção em massa, que é o princípio básico da indústria capitalista. As antigas indústrias de beneficiamento destinavam-se quase que exclusivamente ao atendimento das demandas das classes mais afortunadas. A Revolução Industrial, por sua vez, possibilitou que as massas produzissem para as próprias massas consumirem.

Isso foi possível por três fatores:

- As máquinas possibilitaram o aumento da produtividade. Cada operário conseguia assim produzir mais bens gastando o mesmo tempo;
- A economia crescia mais rápido que o crescimento da população. Isso levou os salários para cima e possibilitou que a carga horária fosse diminuindo. Os empresários ofereciam esses benefícios para competir pela mão-de-obra;
- A produção em série fez os produtos custarem menos. Os empresários produziam coisas baratas, com o intuito de atingir o máximo de pessoas possível.

Quando comparamos a realidade em que vivemos nos dias atuais com o período da Revolução Industrial, é inegável que o padrão de vida dos que a vivenciaram foi muito inferior. Mas se a realidade da época era escandalosamente ruim, a verdade é que tal realidade não foi criada pelas recém-criadas indústrias capitalistas. Antes da Revolução Industrial, como já dito, muitas pessoas contratadas pelas fábricas já subsistiam em condições muito difíceis, praticamente sub-humanas.

É fato que as condições de vida dos operários das fábricas não eram boas. Por ruas cheias de lama e escurecidas pela fumaça das chaminés, vagavam mendigos, meninos de rua, prostitutas, bêbados e desempregados. E as condições sanitárias, principalmente nos casebres ao redor das fábricas, era insalubre, com muitas casas sem uma solução para o que fazer com o lixo e o esgoto. Para acabar com o transbordamento das fossas no Soho, hoje um bairro *hipster* de Londres, a prefeitura resolveu despejar as águas sanitárias do bairro no Rio Tâmisa, na mesma área do rio que abastecia as casas. Leandro Narloch, no seu *Guia Politicamente Incorreto da História do Mundo*, escreveu sobre as situação adversa e suas consequências: "A falta de comida fresca, de água de qualidade e as doenças contagiosas deixavam a vida na cidade mais curta. Em 1841, a expectativa de vida em Manchester era de 25 anos; em Londres, de 36; na zona rural, de 45".

Trabalhava-se realmente muito nas fábricas. A jornada de trabalho passava de 12 horas por dia (às vezes algumas horas mais do que isso). De acordo com o censo de 1851, 36% das crianças trabalhavam fora, muitas delas em condições insalubres, limpando chaminés ou cavando túneis de ventilação nas minas de carvão, ocupações em que seus corpos pequenos eram considerados ideais. Obviamente, acredito que as "pessoas de bem" concordam que não existe justificativa para alguns excessos e/ou atitudes reprováveis que foram cometidos por parte de alguns patrões em busca de maior lucratividade, que trouxeram consequências ruins para muitos. O sistema social existente à época também poderia ter sido mais inclusivo, oferecendo outras oportunidades à população. Mas, como anteriormente dito, em que pese os erros cometidos que poderiam ter sido evitados, as novas fábricas, apesar das condições às vezes extremamente adversas oferecidas aos trabalhadores, também possibilitaram que muitas pessoas que teriam dificuldades de sobreviver, caso a Revolução Industrial não tivesse existido, tenham conseguido se manter vivas. E a população multiplicou-se: em 1753, a população do país era de 6 milhões de habitantes; passou a 7 milhões depois de apenas 30 anos e chegou a 15 milhões em 1845. Esse número fica ainda mais impressionante quando observamos que a população inglesa levou todo o século XVII para aumentar de 4 milhões para 5 milhões de pessoas. É importante ressaltar que a produtividade maior no campo tornou possível esse aumento demográfico. O aumento da produção foi possibilitado pelos investimentos feitos pelos grandes proprietários em métodos novos e mais eficazes de plantio. Entre outras melhorias, uma introduzida pouco a pouco foi a que possibilitou que alguns trabalhos braçais fossem substituídos pela energia mecânica. Na pecuária, o cultivo de forrageiras passou a evitar que por falta de pastagens grande parte do gado fosse abatido durante o inverno. Todas essas iniciativas no campo possibilitaram atender melhor a crescente demanda por alimento das áreas urbanas, proporcionando as condições necessárias para esse crescimento da população.

A oferta de alimentos foi aumentada com o uso das novas técnicas, mas o sistema social vigente, como explicado anteriormente, não estava conseguindo absorver a mão de obra "adicional" com eficiência. A Revolução Industrial possibilitou a um enorme número de pessoas que sobreviviam com dificuldade, uma oportunidade de tentar garantir o alimento de cada dia:

> *As fábricas aliviaram as autoridades e a aristocracia rural de um embaraçoso problema que estas já não tinham como resolver. As novas instalações fabris proporcionavam trabalho às massas pobres que, dessa maneira, podiam ganhar seu sustento; esvaziaram os asilos, as casas de correção e as prisões. Converteram mendigos famintos em pessoas capazes de ganhar o seu próprio pão* (Ludwig von Mises).

A melhoria contínua da produtividade causada pela mecanização, progressivamente foi causando aumento de renda e abundância de produtos a preços menores, e causou um importante e benéfico efeito colateral: conforme a renda das famílias crescia e as pessoas passavam a ter maior fartura de comida em casa, estas passaram a enviar seus filhos para o trabalho mais tarde. Aos poucos, o trabalho infantil, tão comum em tantas épocas e civilizações graças à pobreza, começou a ser tratado como um problema que precisava de solução. A Revolução Industrial acabou entrando para a história quase exclusivamente, ao menos no senso comum, e em boa parte, com razão, em virtude dos excessos cometidos e suas consequências, como algo negativo para a população infantil. Entretanto, por outro lado, foi essa mesma Revolução Industrial a responsável por trazer uma fonte de renda para muitas famílias, e ironicamente, foi também, com o passar do tempo, a maior responsável pela *diminuição do trabalho infantil*.

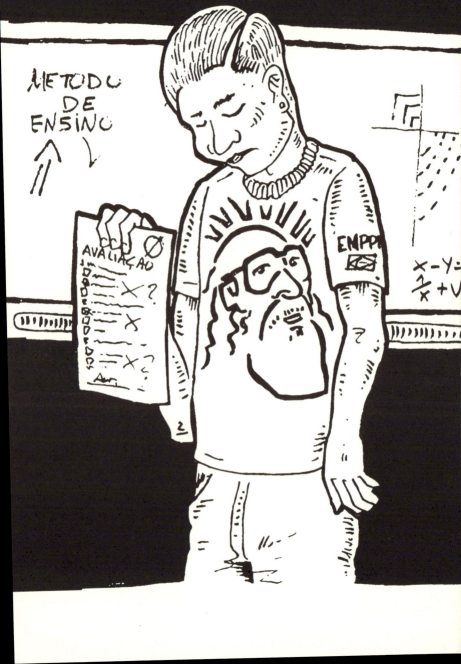

# CAPÍTULO 13

"Não há saber mais ou saber menos:
Há saberes diferentes"
(A frase é atribuída a Paulo Freire).

# "Não há saber mais ou saber menos: Há saberes diferentes"
# (A frase é atribuída a Paulo Freire).

**NÃO, SR. COMUNA** (e esse "não" valeria também para o sr. Paulo Freire [1921-1997]). Não reproduza essa frase tão infeliz. Um pensamento como esse é uma verdadeira ODE à ignorância. Um desestímulo à aquisição do conhecimento. Dita por alguém que foi "proclamado" Patrono da Educação Brasileira, traz consequências ainda piores, pois muitos de seus "discípulos" proclamam tal absurdo como verdade. O fato é que o autor da *Pedagogia do Oprimido* na verdade contribuiu bastante para a "opressão" da qualidade da educação brasileira. A escola, local que em tese deveria ser destinado à aquisição de conhecimento, visando uma boa formação intelectual, passou a ser também um local onde professores-doutrinadores buscam mudar os valores, as atitudes e o comportamento dos alunos. Uma autêntica lavagem cerebral na cabeça dos estudantes. O resultado? O Brasil figura quase sempre entre os últimos lugares nos testes educacionais internacionais. O esperado para um lugar que de certa forma "esqueceu" que a aquisição de conhecimento deve ser o objetivo quando se fala de educação.

O "exame" Pisa (Programa Internacional de Avaliação de Estudantes), que é uma prova aplicada pela OCDE a cada três anos, para medir o nível de habilidades de estudantes de diferentes países, na faixa etária de 15 anos, mostrou que a educação brasileira está entre as piores, entre os países avaliados. Em 2012, ano do último exame, 65 países participaram do Pisa. Na prova de leitura, o Brasil ficou na 55ª posição. Em matemática, o país ficou na 58ª posição. E em ciências, a posição foi ainda pior, a 59ª, à frente, portanto, de apenas 6 países entre os avaliados. E quando avaliamos a posição das universidades brasileiras no ranking das melhores do mundo, a situação não melhora muito, pois não temos nenhuma universidade entre as 200 melhores.

Esses resultados ruins, na verdade, não deveriam surpreender ninguém. Qualquer pessoa que conheça um pouco da realidade dos cursos de humanas, principalmente nas universidades públicas brasileiras, sabe o quão influentes são as ideias de Paulo Freire. Um país que "elege" como "patrono" de sua educação alguém que acabou por afastar esta de sua função essencial, que é a aquisição de conhecimento, obviamente acabaria por colher resultados ruins em testes que medem as habilidades dos alunos. Em nome de uma suposta "função social" da educação, Paulo Freire desejava que a escola fosse um lugar de conscientização dos alunos sobre a existência de "opressores" e de "oprimidos". Muitos professores-doutrinadores, na ânsia de defender o método freireano e sua ideologia, mostram o capitalismo com uma roupagem que não faz jus ao que ele significa. Fatos históricos nem sempre são relatados de forma fidedigna e isenta, principalmente nas disciplinas da área de humanas. A ideologia muitas vezes subverte a verdade. Essa aversão de muitos professores ao capitalismo, à meritocracia, tem também um efeito perverso sobre muitos alunos, que não são devidamente estimulados a entender que são os grandes responsáveis pelo seu próprio futuro, e estes, assim, não dão a importância devida à educação.

Aqui, no Brasil, as propostas de Paulo Freire muitas vezes convergem com a abordagem socioconstrutivista proposta pelo psicólogo bielo-russo Lev Vygotsky (1896-1934). Para os adeptos do socioconstrutivismo, é na interação, na relação aluno-professor e aluno-aluno que se produz conhecimento. As maiores críticas a essa teoria, e ao método Paulo Freire, são que ela expõe o aluno a reflexões sociais em tenra idade, quando na verdade deveria estar concentrando-se no processo de alfabetização, de aquisição de uma boa base de conhecimentos linguísticos.

Paulo Freire, de certa forma, pode ser considerado uma fonte de inspiração para os linguistas que relativizam a importância de falar o português na sua forma culta. O livro *Por uma vida melhor,* da coleção *Viver, aprender, que foi adotado pelo MEC, é um livro que serve de exemplo deste tipo de relativização.* Dizer "nós pega o peixe", segundo os autores deste livro, não é considerado um problema. Em trecho do livro, o autor fala sobre a norma culta e a popular: "(...) é importante que o falante do português domine as duas variedades e escolha a que julgar adequada à sua situação de fala". Aceitar a ideia de que o principal é se fazer entender, é aceitável, mas acredito que é uma tarefa essencial da escola, que esta ensine a importância de o aluno se expressar, verbalmente e ao escrever, segundo a norma culta. Não estimular a correção, por parte dos professores, desta "linguagem popular", acaba certamente mais à frente, contribuindo para que ocorram resultados desastrosos, como o verificado no último ENEM (Exame Nacional do Ensino Médio) de 2014, em que cerca de 500.000 alunos zeraram a redação. Não, você não leu errado. Esse número absurdo de alunos que tiraram nota zero na prova de redação são as consequências mais visíveis de um modelo educacional quase falido.

A ideia que é quase unanimidade no senso-comum, de que falta dinheiro à educação, e que se deve cobrar do Estado mais educação (quem assim procede acaba, quase via de regra, pedindo mais dinheiro), também colabora para que os principais "atores" do sistema educacional, que são os professores e alunos, tenham sempre uma desculpa para os maus resultados da educação brasileira. Tem-se, graças a esse senso-comum de que o problema é o dinheiro, um grave problema: quanto piores forem os resultados, mais dinheiro tende a ser pedido pelos professores para corrigir os problemas da educação. Assim, espera-se do governo a solução, e os alunos e maus professores são menos responsabilizados pelos maus resultados. Desestimula-se assim a meritocracia, o empenho individual. Temos hoje no Brasil também outro problema relacionado a isso, que é a "cultura do diploma". Muitos valorizam mais o diploma do que a aquisição do conhecimento.

Os defensores do método socioconstrutivista e das ideias equivocadas de Paulo Freire não podem negar que, empiricamente, seu método mostrou-se incapaz de trazer qualidade à educação brasileira. Muito pelo contrário. Ao falar em opressores e oprimidos, acabou por ideologizar a educação, tirando um pouco do foco que ela deveria ter, que é estimular ao máximo o aprendizado e a aquisição de conhecimento. A retórica bolorenta de Paulo Freire, repetida por seus seguidores, não valoriza uma palavra essencial para o sucesso da educação: *mérito*. A escola deveria deixar claro para os alunos que grande parte do seu sucesso profissional futuro depende deles mesmos, e do quanto eles conseguirem absorver de conhecimento nos seus anos letivos.

No dia 13 de abril de 2012, por meio da Lei n.º 12.612, sancionada pela presidente Dilma Rousseff, Paulo Freire tornou-se Patrono da Educação Brasileira. Acredito ser uma justa homenagem. Afinal, um sistema educacional como o brasileiro, que gerou frutos como péssimas posições no Exame Pisa, e cerca de 500 mil alunos "zerando" em um único ano a prova de redação do ENEM, merece ter alguém com ideias tão ruins como patrono.

# CAPÍTULO 14

"A culpa da inflação é dos empresários que insistem em subir os preços sem qualquer motivo".

# "A culpa da inflação é dos empresários que insistem em subir os preços sem qualquer motivo".

**NÃO, SR. COMUNA.** Não jogue esta conta para os empresários. O grande culpado pela inflação é o governo. Para que você entenda o porquê, é necessário que tenha conhecimento de que inflação é o aumento na quantidade de dinheiro na economia. Esse aumento na quantidade de dinheiro é o grande responsável pelo aumento dos preços, e comumente é chamada de "inflação de preços". E quem é o responsável pelo aumento na quantidade de dinheiro na economia, e consequentemente, pela inflação de preços? O Governo, através do seu Banco Central. Isso acontece através dos empréstimos bancários, graças ao sistema de reservas fracionárias. Explico: o Banco Central autoriza os bancos a emprestarem uma quantidade de dinheiro que originalmente eles não têm. Na verdade, os bancos só precisam ter uma fração do que emprestam como reserva, que ficam depositados no Banco Central. O percentual desta reserva em relação ao que os bancos poderão emprestar chama-se Compulsório, e é

. **127**

determinado pelo Banco Central. Desta maneira, os empréstimos são meros dígitos eletrônicos criados na conta de alguém. É dessa maneira que esse dinheiro "novo" entra na economia. E é assim que se gera a inflação de preços.

O leitor, a esta hora, pode estar perguntando: mas como esses dígitos eletrônicos se transformam em dinheiro "físico" (notas e cédulas)? A maioria não se transforma. Vou dar um exemplo para tentar facilitar a compreensão desse processo: suponhamos que João tem 100 mil reais disponíveis na sua conta-corrente. Ele compra um apartamento de Pedro, e paga a este com um cheque. Pedro provavelmente depositará este cheque no banco, e este será reconvertido em dígitos eletrônicos. Quando João, Pedro, ou outra pessoa quiser sacar do banco o dinheiro em "espécie" (cédulas), esse dinheiro, que entrou na economia quando foram emitidos os dígitos eletrônicos, passa a circular na economia na forma "física"(cédulas e moedas) também. Se todos os clientes de um banco resolvessem sacar seu dinheiro ao mesmo tempo, não existiriam cédulas e moedas para todos. Esse é o calcanhar de Aquiles do sistema bancário. Para cada 1 real "físico" (cédulas e moedas) circulando na economia, existem 9,2 reais "a voar" sob a forma de crédito. Esses dados são do BCB (Banco Central do Brasil), relativos a 2011, e essa proporção pode variar.

Para facilitar o entendimento de como o aumento na quantidade de dinheiro na economia causa a inflação de preços, é só pensarmos em termos matemáticos: com a inflação, teremos mais dinheiro na economia para comprar a mesma quantidade de bens. Dessa maneira, o custo unitário de cada produto deverá aumentar. Imaginemos, apenas para ilustrar o mecanismo que gera a inflação, duas situações: a primeira sem aumento na quantidade de dinheiro na economia, e a segunda com uma inflação (aumento da base monetária) de 10%. Para fins didáticos, não consideraremos, nessa simulação simplista a seguir, outras variáveis que poderiam influenciar o comportamento dos preços.

No nosso primeiro exemplo (sem inflação), vamos supor que em toda a economia existam 100.000 produtos, e que existam 100.000 reais disponíveis nessa mesma economia. Nesse nosso exemplo, em uma economia em que a quantidade de dinheiro fosse fixa, o preço médio unitário máximo para que todos os produtos pudessem ser vendidos seria de R$ 1,00 real por produto. Neste arranjo, mesmo que um produto tenha seu preço aumentado por maior demanda, por exemplo, algum outro produto, por outro lado, teria que ter seu preço abaixado para poder ser vendido, pois nesse nosso exemplo a quantidade de dinheiro na economia é fixa. Exceções feitas a desastres naturais ou algum fator que causasse uma menor produção de bens, que assim elevaria o preço médio unitário por produto, a tendência em uma economia sem expansão da quantidade de dinheiro é que os bens tenham uma redução de preços, causada pelo quase inevitável aumento da produtividade, devido ao progresso tecnológico. Ou seja, teríamos deflação de preços (é importante lembrar que essa deflação de preços não significa que existiria uma menor quantidade de dinheiro na economia), com os produtos se tornando a cada dia mais baratos para as pessoas comprarem.

Agora vamos mostrar o que acontece quando o governo aumenta a quantidade de dinheiro na economia. Se o governo, via BCB, autoriza os bancos a expandirem o credito em 10%, teremos, usando os números iniciais do exemplo acima, mais 10.000 reais na economia, totalizando assim 110.000 reais (100.000 iniciais +10.000 graças à expansão do crédito). Mas continuamos com 100.000 produtos na economia. Imaginemos que todas as pessoas resolvam gastar seu dinheiro na compra dos bens disponíveis. O preço médio máximo de cada produto seria então R$ 1,10 (110.000 reais divididos pelos 100.000 produtos). Foi o aumento de 10% na quantidade de dinheiro na economia, realizada pelo BCB, que possibilitou esse aumento de 10% no preço médio dos produtos em nosso exemplo. Esse aumento de 10% na quantidade de dinheiro na economia não significa que, no mundo real, os preços irão aumentar exatamente em 10%, pois fatores como a maior ou menor demanda, por exemplo, ou aumento ou diminuição da oferta, fazem com que o aumento dos preços, não seja, como dito, proporcional ao aumento da quantidade de dinheiro na economia.

Sobre a inflação e sua causa, Henry Hazlitt (1894-1993), autor do clássico livro *Economia em uma Única Lição*, escreveu:

> *As causas da inflação de preços não são, como se diz frequentemente, "múltiplas e complexas"; elas são simplesmente a consequência inevitável de uma criação excessiva de dinheiro. Não existe algo como "inflação gerada pelo aumento dos custos". Se salários e outros custos trabalhistas ou de produção forem forçados para cima, mas não houver um aumento na quantidade de dinheiro na economia, e os produtores tentarem repassar estes aumentos aos consumidores elevando os preços de venda, a maioria deles irá apenas vender menos produtos. O resultado será um menor nível de produção e a perda de empregos. Custos maiores podem ser repassados para os preços somente quando os consumidores têm mais dinheiro para pagar por estes preços mais altos.*

Alguns economistas defendem uma outra alternativa capaz de provocar a queda dos preços, que seria a adoção de um padrão-ouro, com reservas em ouro de 100% do valor de dinheiro na economia. Nesse modelo, um aumento na produção de ouro, que ocorre a taxas modestas anualmente, ainda poderia gerar uma diminuição nos preços, que seria possível se a produção e a oferta de bens e serviços aumentassem mais do que o aumento da quantidade de ouro e nos gastos. O professor George Reisman explicou como poderia ocorrer uma diminuição de preços em um sistema monetário baseado no padrão-ouro:

> *Por exemplo, suponha que as receitas de vendas no sistema econômico estejam aumentando a uma taxa de 2% — por causa de aumentos na oferta de ouro e no volume de gastos —, mas que os preços estejam caindo a uma taxa de 3%, porque a oferta de bens e serviços aumentou 5% no ano. Nesse caso, um vendedor comum terá 5% mais bens para vender a preços apenas 3% menores. Suas receitas de venda aumentarão 2%. Ele poderá auferir receitas progressivamente crescentes, não obstante a queda nos preços, pois o aumento na oferta de bens e serviços que ele pode vender é maior do que a queda em seus preços de venda. Isso ocorreu porque a produção da economia foi maior do que o aumento da oferta monetária (ouro) e dos gastos.*

Segundo o professor Reisman, um padrão-ouro poderia e provavelmente geraria uma queda nos preços.

Existe um fator que também pode influenciar o comportamento da inflação. É a variação cambial. Uma eventual elevação súbita da cotação do dólar ante o real, como a que existiu em 2002, ano da eleição do presidente, pode causar um encarecimento dos bens. Mas a variação de taxa cambial não deixa de ser muitas vezes uma "inflação indireta", já que a variação da oferta monetária tem impacto direto sobre ela.

Em relação a isso, é necessário lembrar que um país que manativer sua relação dívida/PIB estável e em patamares baixos fica menos sujeito a uma variação cambial excessiva.

Também é necessário lembrar que uma moeda forte (e uma moeda que não é inflacionada pelo governo tende a ser uma moeda forte) em uma situação de crise não fica tão exposta a variações cambiais, pois é uma moeda em que o "mercado" confia.

Uma das razões para o governo aumentar a quantidade de dinheiro na economia é que o governo lucra com o monopólio da emissão de moeda, numa operação conhecida como *senhoriagem*. A relação existente entre a taxa de crescimento da moeda e os saldos monetários reais é responsável pelo surgimento da receita de senhoriagem, e o governo pode amortizar a dívida pública federal com esses recursos. A senhoriagem é considerada por muitos como um "imposto inflacionário", que existe principalmente para que, como dito, o governo possa amortizar a dívida que ele mesmo criou por gastar mais do que arrecada.

Sem aumento da quantidade de dinheiro na economia, podem até ocorrer aumentos pontuais ou até mesmo setoriais de preços. O contínuo aumento de preços, generalizado pela economia, não. Outras causas são apenas marolas temporárias, causadas por variações individuais de oferta e demanda.

Da próxima vez que pensar em culpar um empresário pela inflação, pense duas vezes. Podemos dizer que ele geralmente é tão dependente do Banco Central, que é presidido por alguém escolhido pelo Presidente da República, quanto você.

# CAPÍTULO 15

"O empresário capitalista explora
o trabalhador ao se apossar
da mais-valia dele".

# "O empresário capitalista explora o trabalhador ao se apossar da mais-valia dele".

**NÃO, SR. COMUNA.** Sua retórica mostra que você desconhece o fato de que a "teoria da exploração" popularizada por Johann Karl Rodbertus (1805-1875) e Marx já foi refutada categoricamente. Esta teoria, que também é conhecida como a "teoria socialista de juro", dizia que todos os bens de valor são fruto do trabalho humano, mas que o trabalhador não recebe o produto integral do que produziu, pois o capitalista toma para si, a título de "juro do capital", parte do produto que deveria ser dos trabalhadores. É esta parte que Marx chama de "mais-valia". Eugen Von Böhm-Bawerk (1851-1914), economista austríaco, mostrou o total equívoco dessa teoria, que ignora completamente a diferença entre valor presente e valor futuro, como se não fizesse diferença consumir um produto agora ou daqui a um ano, por exemplo. Para os que acreditam na mais-valia, o trabalhador deveria receber o valor total do produto. Ignoram assim o fato de que o produto pode levar tempo para ser produzido, e o salário de agora tem que refletir esse custo de espera, sendo, portanto, menor que o valor futuro do bem. E socialistas também não levam em conta que o empresário, ao se abster de consumir no presente para investir em bens de capital, buscando um "prêmio"(lucro) futuro, que seria o juro de seu capital, nada contra a correnteza, pois como dito, as pessoas preferem ter sempre o dinheiro *agora* do que no futuro, e sendo assim é justo que quem investiu receba o "juro" pela espera. E um detalhe não pode ser esquecido: o empresário não tem nenhuma garantia de que isso irá acontecer, pois seu sucesso depende, entre outros fatores, de sua administração e, principalmente, da aprovação dos consumidores. Se isso não acontecer, ele pode até perder todo o valor investido no negócio, um capital que ele poderia ter gasto, mas ao invés disso, decidiu se abster de consumi-lo para investir.

Böhm-Bawerk, referindo-se aos que ignoram (ou fingem ignorar) a diferença entre valor presente e valor futuro, escreveu:

> *O que os socialistas desejam é, usando das palavras certas, que os trabalhadores recebam através do contrato de trabalho mais do que trabalharam, mais do que receberiam se fossem empresários, mais do que produzem para o empresário com quem firmaram contrato de trabalho.*

Outro economista austríaco, Carl Menger (1840-1921), também foi importante para esclarecer o quão equivocada é a "teoria da exploração". Menger, que é considerado o fundador da Escola Austríaca de economia, ficou famoso graças à sua contribuição para o desenvolvimento da "teoria da utilidade marginal", ou "teoria do valor subjetivo". Essa teoria explica que o valor não é algo inerente aos próprios bens, mas sim ao juízo que cada pessoa faz sobre a importância que este terá para a conservação da sua vida ou seu bem-estar. Pessoas diferentes têm necessidades e vontades diferentes, e valorizarão um bem de maneira diferente. Sendo assim, o valor é totalmente subjetivo:

*O valor que os bens possuem para cada indivíduo constitui a base mais importante para a determinação do preço.* (Carl Menger)

Consequentemente, sendo o valor subjetivo, o quanto de trabalho foi empregado na produção deste não possui nexo causal necessário e direto com a medida de valor do bem. Independente de uma pepita de ouro ser encontrada por acaso ou ser resultado de muitos dias de trabalho num garimpo, ela terá o mesmo valor. As pessoas, quando avaliam um bem, preocupam-se exclusivamente em saber o quanto ele será importante para atender suas necessidades. Um empresário capitalista é alguém que tenta antecipar quais serão as preferências dos consumidores, mas estas são subjetivas e muitas vezes dependentes das necessidades que ainda irão surgir. O empresário, analisando as variáveis que tem à sua disposição, nem sempre irá acertar, lembrando que ele estima no presente as preferências dos consumidores no futuro. Muitas vezes, por motivos diversos, o produto fabricado não será vendido sequer por valores que igualem os custos de produção, incluindo aí o salário do trabalhador. A teoria do valor subjetivo ajuda a entender mais uma dificuldade enfrentada pelo empresário, e nos leva a concluir que o "prêmio" (juro) que este recebe no futuro (caso tenha sucesso em atender as necessidades dos consumidores) é justo. Não nos esqueçamos que ao se abster de consumir agora, ele criou condições para que outros consumissem no presente. Seus empregados, por exemplo.

Embora óbvio, é importante também que seja lembrado que o que possibilita ao trabalhador ser mais produtivo, ao trabalhar numa fábrica, por exemplo, é o fato de que ele pode utilizar os bens de capital do capitalista (empresário). Sem esses bens de capital, que são possíveis de ser acumulados pelo capitalista graças ao fato de ele se abster de consumir tudo que ganha, a mão de obra do trabalhador seria menos produtiva, e ele não conseguiria produzir muitos dos bens que somente são possíveis graças ao maquinário à sua disposição. E, para finalizar, é bom ressaltar que numa economia livre, se uma pessoa decide trabalhar para algum empregador, é porque acredita que estará em melhor situação assim procedendo do que se empreendesse por conta própria. Pessoas são diferentes, têm necessidades diferentes e valorizam coisas diferentes. Muitas preferem trabalhar para outros, e destas, algumas preferem consumir o produto (o salário recebido) do seu trabalho no tempo presente, pouco ou nada poupando para tentar se tornar um empreendedor no futuro. Ou talvez prefiram não empreender para evitar maiores preocupações, ou podem simplesmente não querer abrir um negócio próprio por terem receio de perder o capital que investiriam. E existem também os indivíduos empreendedores, que empreendem com capital próprio ou financiado por algum capitalista que se absteve de consumir parte de seus rendimentos, embora no Brasil nem todo o dinheiro emprestado seja resultado de poupança prévia, graças ao sistema de reservas fracionárias determinado pelo Banco Central. Felizmente, existe lugar para todas essas pessoas em uma economia livre. A escolha sobre a forma em que se integrarão à sociedade é de cada um.

Nota: neste capítulo (e talvez essa lembrança seja válida para alguma outra situação semelhante descrita no livro), quando cito o capitalista que se abstém de consumir parte do que ganha para investir, é válido ressaltar que tal capitalista pode não ser necessariamente um empreendedor, e sim um financiador de algum empreendedor que não possui o capital, seja de forma direta ou indireta (por exemplo, com o capitalista aplicando o dinheiro no banco e o empreendedor emprestando deste). Válido ressaltar que esse arranjo teórico é baseado no princípio de que exista uma poupança prévia para que haja um empréstimo. Mas no sistema de Reservas Fracionárias adotado no Brasil, e na imensa maioria dos países do mundo (talvez em todos), os bancos só precisam possuir uma fração do que emprestam como reserva, percentual este que é determinado pelo Banco Central. A visão de que a poupança é prévia aos investimentos, que é conhecida como visão "clássica", está longe de ser unanimidade entre os economistas. Para alguns, como o economista John Maynard Keynes (1883-1946), o investimento pode ser realizado sem a necessidade de poupança prévia. Para os "keynesianos" e outros simpatizantes dessa teoria, a poupança será gerada como resultado do investimento; afinal, a forma que este toma é a de um conjunto de bens que não tem como destino o consumo. Ou seja, o produto gerado em resposta à demanda de investimentos será "não-consumível", ou seja, poupança. Para viabilizar os investimentos, a visão keynesiana propõe que é necessário que o sistema financeiro seja capaz de atender às demandas por liquidez propostas pelas empresas que querem investir.

# CAPÍTULO 16

"Quem defende um Estado menor mas estuda/estudou em universidade pública é hipócrita".

# "Quem defende um Estado menor mas estuda/estudou em universidade pública é hipócrita".

**NÃO, SR. COMUNA.** Sua conclusão é falaciosa, pois ignora completamente o contexto em que vivemos no tempo presente. E dentro deste contexto, é perfeitamente justificável que alguém defenda, por exemplo, que as universidades públicas sejam privatizadas, mas enquanto isso não acontece, continue estudando nelas, pois na realidade em que vivemos atualmente, estas universidades são custeadas com o dinheiro arrecadado via impostos, que são pagos direta ou indiretamente por todos nós. Se as vagas no vestibular já existem e estão à disposição de todos os brasileiros, nada mais justo que um pagador de impostos destinados, entre outras coisas, a custear estas universidades, possa concorrer a estas vagas que ele ajudou a pagar. E essa justificativa vale para outros serviços públicos que porventura sejam utilizados por liberais.

Uma outra justificativa que poderia ser dada por muitos alunos que defendem a privatização das universidades públicas, mesmo tendo ingressado nelas enquanto ainda estão nas "mãos" do Estado, é o fato de que estas certamente estão entre as melhores e mais prestigiadas instituições de ensino do país. Esse argumento, por outro lado, poderia ser usado pelos que acreditam que elas deixariam de estar entre as melhores do país caso fossem privatizadas. Esse receio de que elas perderiam a "excelência" (para os baixos padrões brasileiros, pois nenhuma delas está entre as 200 melhores do mundo), caso fossem privatizadas, cai por terra quando observamos que a maioria das melhores universidades do mundo (Harvard, Stanford e MIT, inclusive) são privadas. Não seria errôneo supor, portanto, que as universidades públicas brasileiras, caso passassem para a iniciativa privada, conseguiriam manter sua qualidade, pois continuariam atraindo os melhores alunos graças à sua estrutura e prestígio. Mas deixariam de jogar essa conta para o pagador de impostos.

Muitos poderiam questionar os defensores das privatizações no ensino superior desta forma: "Vocês querem privatizar as universidades públicas porque não querem que pobres tenham acesso à educação superior de qualidade". Isso poderia ser contornado com o oferecimento de *vouchers*, que são bolsas que poderiam ser dadas aos mais pobres para que estes pudessem ter acesso a universidades de excelência, caso aprovados no vestibular para estas. Outra solução seria a existência de políticas públicas que garantissem ao aluno o financiamento de sua graduação; neste caso, os alunos poderiam começar apagar seu débito apenas depois de formados. Essa alternativa tem a vantagem de não impor à população o custeio "definitivo" da educação de alguns, pois os financiamentos deverão ser pagos, como dito, pelos alunos beneficiários destes.

É preciso deixar claro que nem todos os defensores de um estado menor são favoráveis à privatização das universidades públicas. Não existe consenso entre as pessoas que defendem um estado menor, e consequentemente, menor tributação, sobre esta questão específica. Os únicos que unanimemente defendem a privatização das universidades públicas, até por uma questão lógica, são os que defendem que o Estado enquanto instituição não deveria existir, os chamados libertários. Existem também algumas pessoas que se auto-intitulam "libertários minarquistas", que aceitam a existência de um estado pequeno, mas que certamente têm algumas divergências em relação ao "tamanho" e funções deste.

Para os libertários, a defesa da privatização baseia-se no fato de que ninguém deveria poder ser obrigado pelo Estado a pagar impostos, e sendo a universidade pública custeada pelos tributos que a população obrigatoriamente paga, é preferível que a mesma seja privatizada, para que só pague por ela quem estudasse nela. Para um libertário, a coerção é moralmente inaceitável, e para eles, a simples existência dos impostos cobrados pelo Estado é uma forma de coerção. Liberais também podem defender a privatização com o argumento de que apesar de o vestibular permitir a inscrição de qualquer brasileiro, muitos dos que pagam pela universidade nunca estudarão lá, e que não seria justo que esses pagarem pelo "almoço grátis" de alguém. Ou argumentar simplesmente que arcar com os custos de graduação de alguém não deve ser função do Estado.

Para ter uma ideia do tamanho do peso das universidades públicas no bolso do pagador de impostos, vamos ver alguns números referentes às universidades estaduais de São Paulo. Desde 1989, o orçamento das três universidades paulistas é um percentual do Imposto sobre

Operações relativas à Circulação de Mercadorias e Serviços (ICMS). Mesmo reconhecendo o fato de que uma parte da verba das universidades públicas é usada para custear alguns atendimentos à população, o valor da receita impressiona pela grandeza. Segundo a Secretaria de Desenvolvimento Econômico, Ciência, Tecnologia e Inovação do Estado, as universidades estaduais paulistas (USP, Unesp e Unicamp) recebem 9,57% do total arrecadado pelo Estado por meio do ICMS, o que representou R$ 8,3 bilhões em 2013. A USP, maior universidade do Estado, recebeu mais da metade deste valor, pois 5,03% do ICMS recolhido em SP é destinado a ela anualmente. O percentual total de 9,57% do ICMS destinado às universidades públicas paulistas é o mesmo desde 1995. Se dividirmos este valor (R$ 8,3 bilhões) pela população do estado de São Paulo (quase 44 milhões de habitantes), chegaremos à conclusão que cada paulista, em média, dá quase 200 reais por ano apenas para as universidades públicas paulistas. Em uma família de cinco pessoas, isso dá quase R$ 1.000 por ano. Um valor nada desprezível. E o que é pior, não está incluso nesta conta o quanto cada paulista paga anualmente para custear as universidades públicas federais. Usei o exemplo de SP, em outros estados esse valor provavelmente irá variar, mas a conta para o pagador de impostos provavelmente também não será barata.

Defensores do ensino superior público poderiam argumentar que sem as universidades públicas, os poucos alunos que ainda se esforçam no ensino básico visando ter boas condições de concorrer com os demais quando chegasse a época de prestar o vestibular perderiam este incentivo. É um argumento válido, mas lembremo-nos que nas universidades privadas de excelência pelo mundo, a concorrência pelas vagas é acirrada mesmo assim. E, olhando por outro prisma, com a privatização talvez o ensino deixasse de ser tão voltado para o vestibular, e poderia passar a ter uma grade curricular mais flexível e mais voltada para o interesse de cada aluno.

O pagador de impostos pôde acumular menos dinheiro graças aos tributos pagos para custear as universidades públicas. Se estas já fossem privatizadas, ele poderia, com o dinheiro "economizado" custear sua graduação. Aliás, a maioria dos brasileiros não conseguirão "passar" no vestibular, pois as vagas são limitadas, e terão que custear sua graduação particular mesmo tendo "financiado" os custos das universidades públicas ao longo de sua vida. É justo, pelo aqui exposto, que os defensores de um estado menor, ou mesmo que os defensores da privatização das universidades públicas, possam prestar o vestibular, e caso aprovados, estudem em uma universidade pública. Não há nada de errado em utilizar um sistema que você forçosamente ajudou a custear.

Adendo:

Quando analisamos a distribuição dos recursos educacionais, vemos distorções que mostram a ineficiência das universidades públicas brasileiras.

Hoje em dia, o ensino superior utiliza 15% dos gastos públicos com educação, mas tem apenas 3% do total de alunos. Alguém poderia argumentar que os gastos com educação superior incluem os gastos com pesquisas, mas em nenhum país do mundo se gasta cinco vezes mais por aluno no ensino superior que no ensino básico. Na média da OCDE, o gasto por aluno no ensino superior é apenas duas vezes maior do que no ensino básico, na Coreia é pouco mais de uma vez e meia e nos EUA, maior gerador de pesquisas no planeta, chega a três vezes. Observados estes dados, fica mais justificável a defesa da privatização das universidades públicas.

# CAPÍTULO 17

"A solução para a educação brasileira é o governo destinar 10% do PIB para a educação".

# "A solução para a educação brasileira é o governo destinar 10% do PIB para a educação".

**Não, sr. comuna.** Esse seu senso comum esquerdista o faz acreditar que se algo não vai bem, basta aumentar a quantidade de dinheiro público para que passe a funcionar . Mas sua análise, como quase sempre, é superficial e equivocada, pelas razões elencadas a seguir: em 2011, o Brasil destinou 6,1% de seu PIB para a educação, enquanto a média dos países da OCDE foi de 5,6%. Inferior, portanto, ao percentual gasto pelo Brasil. Quando são considerados os gastos públicos totais, o Brasil destinou um percentual de 19% de seu orçamento para a educação, enquanto a média dos países da OCDE foi de 13%. E outro fator que deve ser levado em conta também para rejeitar esse percentual de 10% do PIB para a educação, é que, segundo o IBGE, o Brasil viverá em breve uma virada demográfica: a taxa de fecundidade está declinando rapidamente no Brasil, e segundo previsões deste instituto, o numero de brasileiros de cinco a dezenove anos de idade se reduzirá dos atuais (números de 2010) 50 milhões para 38 milhões em 2050. Desta maneira, como teremos menos alunos em idade escolar, iremos ter um aumento substancial no gasto por aluno, apenas mantendo o atual percentual de gastos com a educação em relação ao PIB. E, para finalizar, diversas pesquisas (inclusive da OCDE) mostram que um aumento de gastos com a educação não significam aumento proporcional da qualidade desta. Não adianta maquiar o problema: não falta dinheiro para a educação. Falta eficiência na gestão.

Infelizmente, apesar das críticas bem fundamentadas contrárias ao aumento do percentual do PIB que deve ser destinado à educação, a presidente Dilma Rousseff sancionou em 2014 o Plano Nacional de Educação, que prevê que, até 2024, 10% do PIB brasileiro deve ir para a educação. Para Naércio Menezes Filho, coordenador do Centro de Políticas Públicas do Insper e professor da FEA-USP, caso não haja melhora na formação dos professores e na seleção dos diretores, e se não forem demitidos os piores professores ainda em estado probatório, nada iria mudar mesmo que viessem a ser gastos 10% do PIB com a educação. Ele acredita também que a única coisa que mudaria nesse caso seria que haveria uma transferência maior dos recursos da sociedade para o bolso dos professores, sem melhoria do aprendizado dos alunos.

O economista Gustavo Ioschpe, um dos maiores estudiosos da economia da educação, cita dados importantes da UNESCO para reflexão a respeito do percentual do PIB que deve ser gasto com a educação: os países que possuem os melhores índices educacionais do mundo (Finlândia, China, Irlanda e Coreia do Sul) gastam até 5,7% do PIB com a educação, em linha, portanto, com o Brasil, enquanto nações como Quênia, Namíbia, Armênia e Mongólia, que gastam entre 7% e 12% continuam tendo baixa qualidade de ensino. O pesquisador

**154 .**

também aponta que as pesquisas não mostram haver relação significativa entre volume de gastos com educação e qualidade de ensino.

Em seu trabalho como pesquisador na área da educação, Ioschpe também encontrou um número assustador, que mostra o quão ineficientes são os gastos com a educação brasileira: segundo levantamento feito pela OCDE, a relação entre funcionários e professores em seus países-membros é de 0,43. Ou seja, para cada 100 professores, existem 43 funcionários trabalhando na área da educação. Segundo ele, no Brasil, essa relação, considerando apenas o setor público, é de 1,48. Assim, para cada 100 professores, existem outros 148 funcionários na educação. Ou seja, a relação de funcionários para cada professor (no setor público) é quase três vezes e meia maior que nos países da OCDE.

Em relação à ineficiência nos gastos brasileiros com educação, Gustavo Ioschpe escreveu:

> *No Brasil, onde a maior parte do gasto é canalizada para aumentar o número de profissionais na rede e dar melhor remuneração àqueles que já estão nela, não é de surpreender que o constante aumento de gastos no setor nos últimos dez anos tenha sido acompanhado de estagnação. Os resultados do Sistema de Avaliação da Educação Básica (Saeb) foram piores em 2007, último ano disponível, do que em 1997.*

Vê-se, portanto, de modo empírico, que o aumento do gasto com educação no Brasil não resultou em uma melhoria equivalente na educação. Sem reformas estruturais, a educação brasileira continuará patinando, exibindo números vexatórios nos exames internacionais. O número totalmente desproporcional de funcionários no setor publico de educação relativo ao número de professores, principalmente quando comparamos com os países da OCDE, mostra que os gastos com educação no Brasil financiam um enorme cabide de empregos que com maior eficiência seria desnecessário. A ausência de meritocracia para os professores, a falta de respaldo a estes, e a progressão continuada são outros problemas a serem resolvidos. Mas em vez de "consertar" o que não funciona, muitas pessoas querem simplesmente jogar mais dinheiro nesse sistema.

Outra razão para refutarmos a ideia de gastar 10% do PIB com a educação, é que já temos uma carga tributária altíssima, de cerca de 36% do PIB, e é difícil acreditar que, no Brasil, um eventual aumento do percentual de gastos com a educação seria possibilitado graças ao corte de outros gastos do governo. É quase certo que esse aumento seria financiado por mais impostos. O contribuinte (nome estranho que se dá para alguém que paga imposto, considerada a etimologia da palavra) provavelmente arcaria com mais essa conta.

Curiosidade: Dados do Inep, órgão do MEC responsável por avaliações e estatísticas, mostram que existem, entre professores e funcionários na rede pública, mais de quatro milhões de funcionários na educação brasileira. Segundo Gustavo Ioschpe, esse número grande, que quando somado à rede privada totaliza cinco milhões de funcionários na educação, dos quais cerca de apenas dois milhões são professores, faz com que essa seja a quarta maior categoria profissional do Brasil, atrás apenas dos agricultores, vendedores e domésticas.

# CAPÍTULO 18

"As empresas que se instalam na Ásia pioram as condições de vida dos que nela resolvem trabalhar".

# "As empresas que se instalam na Ásia pioram as condições de vida dos que nela resolvem trabalhar".

**NÃO, SR. COMUNA.** Sua análise é completamente carente de lógica. Como você deve saber, ninguém obriga as pessoas a ir trabalhar nestas empresas. Se as pessoas VOLUNTARIAMENTE se empregam nelas, é porque quase sempre a situação delas era ainda pior quando trabalhavam em seus sub-empregos/agricultura de subsistência. Ou seja, estas empresas que alguns esquerdistas como você julgam ser "malvadonas", fazem mais pelos asiáticos que você, um humanista que diz se preocupar com a humanidade, mas que na prática pouco faz além de ficar sentado na poltrona criticando quem faz alguma coisa de verdade pelos seres humanos de carne e osso. Ainda que os fins (aumentar a lucratividade) possam não ser tão nobres na sua visão, e que talvez existam empresas que realmente devam oferecer melhores condições de trabalho, o fato é que o efeito colateral da instalação de empresas na Ásia é uma melhora na situação das pessoas que nelas se empregam. E o progressivo desenvolvimento dos países pobres que recebem essas empresas.

No ano de 1817, o grande economista David Ricardo (1772-1823) ainda acreditava que só se poderia investir capital dentro dos limites de um país. Mas poucas décadas mais tarde, contrariando esse pensamento, investidores britânicos começaram a investir capital britânico em outras partes do mundo. Os britânicos, que já tinham acumulado bastante capital por terem começado a poupar antes das outras nações, tinham um padrão de vida bastante elevado quando comparado a todos os outros países europeus, que ainda exibiam um baixo padrão de vida. Graças a esse investimento realizado pelos capitalistas britânicos em outros países no século XIX, estes, que receberam tal capital, não tiveram que iniciar seu desenvolvimento utilizando os métodos e tecnologia que eram utilizados pelos britânicos no século anterior. Sem o capital dos britânicos, os outros países teriam então que imitá-los lentamente, passo a passo. Felizmente, para eles, puderam queimar etapas. Os britânicos investiram primeiramente nos países que acreditavam estar mais carentes de capital e mais atrasados em desenvolvimento. As estradas de ferro da maioria dos países da Europa foram construídas pelos britânicos, que fizeram o mesmo na Argentina e nos Estados Unidos. E foi graças ao capital britânico que os americanos deram início a vários ramos industriais.

O que falta a países pouco desenvolvidos para alcançar o padrão de vida dos Estados Unidos é capital. Quando os capitalistas americanos, em busca de lucro, investem capital em países pobres da Ásia ou de qualquer outro lugar, estão colaborando para que estes lugares elevem mais rapidamente seu padrão de vida. Estão viabilizando a esses países que se aproximem a cada dia mais do *american way of life*, o estilo de vida americano.

Como sabemos, durante sua vida o ser humano procura progredir, ou dito de outra forma, sempre procura estar em uma situação melhor do que a situação anterior. No aspecto profissional isso não é diferente. Quando uma empresa norte-americana instala uma fábrica no Vietnã, na Indonésia, ou em algum outro país ainda em desenvolvimento, seja na Ásia ou em qualquer outro lugar, ela oferece mais uma opção de trabalho aos habitantes desses lugares. Se estes acharem que as condições oferecidas são inferiores às suas ocupações anteriores ou outras opções existentes, não se empregarão lá. Se voluntariamente os nativos destes países preferem empregar-se nestas fábricas, é porque acreditam que estarão em melhor condição nela trabalhando do que estavam anteriormente. "Um homem com opções é um homem livre" (claro que desde que pelo menos algumas das opções não sejam ruins), e, de certa forma, ao contrário do que o senso comum esquerdista propaga, as empresas norte-americanas, ou de outra origem estrangeira, que se instalam na Ásia, colaboram para que os nativos destes países, de certa forma, sejam mais livres.

É claro que as razões que levam uma empresa multinacional a se instalar em países pouco desenvolvidos, seja na Ásia ou em qualquer outro lugar do mundo, pouco ou nada têm a ver com filantropia. Mas ao ir atrás de mão-de-obra barata nestes lugares para aumentar sua competitividade e lucratividade, o efeito é, como já dito, geralmente positivo para os habitantes nativos. Claro que nem tudo é perfeito. Um efeito que é negativo, provavelmente o principal, é o aumento da poluição, que a imprensa e a opinião pública fazem bem em divulgar, para que possa ser revertida.

Muitas vezes, nos últimos anos, vimos relatos de situações de trabalhadores que podemos classificar no mínimo como precárias em algumas fábricas nos países asiáticos. É lamentável que existam tais situações, e a opinião pública faz bem em divulgá-las, colaborando assim para que não mais ocorram. Mas não podemos tratar estes relatos como regra. E felizmente, a tendência é que conforme um país for se desenvolvendo, a própria população tenha a cada dia mais opções de trabalho, e condições laborais a cada dia melhores. E salários mais altos também, é claro. A retórica de que as empresas exploram os pobres nos países em que se instalam, é útil apenas para ajudar a evitar alguns eventuais excessos. Mas de maneira geral, é uma visão que parte de um observador externo à situação. Pergunte a um chinês, a um vietnamita, a um indonésio, se ele gosta das empresas que se instalam lá, que lhe oferecem mais uma opção de trabalho. Considerando o exposto aqui, é difícil acreditar que as respostas dos asiáticos a essa pergunta serão negativas. Expandir e integrar o mercado global é certamente a melhor solução para diminuir a miséria. Lucram as empresas e a população nativa que as recebe. Uma verdadeira relação ganha-ganha.

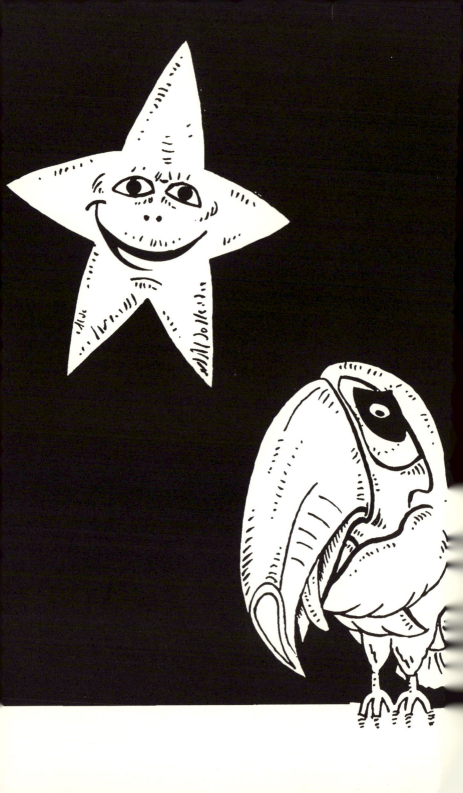

# CAPÍTULO 19

"O PT não quer o socialismo". "O PSDB é um partido liberal, de direita".

# "O PT não quer o socialismo".
# "O PSDB é um partido liberal, de direita".

**NÃO, SR. COMUNA.** Não diga tantas inverdades. Está na hora de criar vergonha na cara e parar de usar esta tática de desinformação para ludibriar os leigos. Para começar, como é que alguém pode ter a cara de pau de dizer que o PT não quer o socialismo? Quem faz isso ou é desonesto, ou é ignorante, afinal o próprio Estatuto do PT , no seu artigo primeiro, é bem claro quanto a isso, pois nele está declarado que o partido tem "(...) o objetivo de construir o socialismo democrático". Explicitamente. E quanto à sua afirmação de que o PSDB é um partido liberal, de direita, isso é uma falácia que é facilmente desmentida pelos que conhecem uma nota à imprensa de 2003, assinada pelo então presidente do PSDB, José Anibal. Na nota em questão ele lamenta o fato de o partido ter sido deixado de lado do XXII Congresso da Internacional Socialista, que aconteceu em São Paulo, naquele ano. Somente alguém completamente sem noção do ridículo acredita que um

. 169

partido de direita iria lamentar a não participação em um evento da Internacional Socialista.

A nota à imprensa emitida pelo PSDB em nome do seu então presidente, José Anibal, não deixa dúvidas de que o partido está longe de poder ser chamado de "direita":

> *Só a ignorância pode explicar – sem, no entanto, justificar — o sectarismo presente à organização do XXII Congresso da Internacional Socialista, que acontece em São Paulo na próxima semana. O encontro deixou de lado forças representativas do campo progressista brasileiro, em especial o PSDB, numa demonstração de manipulação partidária, oficialismo e desconhecimento de nossa realidade política que é de causar vergonha aos que, ao longo da história, empunharam as bandeiras nobres da Internacional Socialista.*

"Bandeiras nobres da Internacional Socialista"? Alguém ainda teria coragem de chamar o PSDB de "partido de direita" depois dessa? Mas não para por aí. O sr. José Anibal, neste outro trecho da nota tem a cara de pau de chamar o PT de "conservador":

> *Estamos falando do PT, legenda de traço conservador indisfarçável (...)*

Analisando a frase acima e o que disse posteriormente, na mesma nota, chegamos à conclusão de que o sr. José Anibal estava indignado em ver o PT, nas palavras dele um partido "conservador" como anfitrião do Congresso da Internacional Socialista, enquanto o PSDB foi alijado do mesmo:

*Procurando boa-fé, acreditemos que o viés sectário e chapa-branca do encontro de São Paulo é resultado de mera ignorância sobre o contexto político brasileiro ou fruto de incapacidade de fazer julgamentos ideológicos minimamente consistentes.*

Como vemos nas palavras de seu então presidente em 2003, o PSDB está bem longe da direita. Divulgar uma nota à imprensa em nome do partido, em que lamentava a ausência deste em um congresso da Internacional Socialista, certamente não é uma atitude que seria tomada por nenhum partido liberal/conservador; ou seja, do que nos dias de hoje usualmente chamamos de direita. É justo, porém, que se diga que o partido, em seu Programa de 25/06/1988, diz não ser avesso à propriedade privada, embora "relativize" esse direito, ou seja, não é contrário desde que a propriedade atenda algumas "condições", conforme podemos ver no seguinte trecho: " A propriedade privada dos meios de produção constitui a base do sistema econômico brasileiro, devendo ser garantida na medida em que atenda ao princípio da sua função social e se harmonize com a valorização do trabalho e do trabalhador." Em outro trecho do programa, o partido informa: " (...) não partilhamos com os liberais conservadores a crença cega no automatismo das forças de mercado." E no novo programa do partido , datado de 23/11/2007, o PSDB deixa claro que acha que a participação do governo deve ser maior: "Tudo isso requer mais governo, não menos. (...)Governo, em suma, para trabalhar ao lado e a favor dos empreendedores, em vez de atrapalhá-los." Liberais e conservadores, geralmente preferem exatamente o contrário, ou seja, menos governo.

O caráter socialista do PT, explicitado no seu Estatuto, como já dito, é publico e notório, e dispensa, portanto, análises que o ratifiquem. Ter sido o anfitrião de um Congresso da Internacional Socialista também é um fato que não deixa margem de dúvidas quanto à ideologia do partido. E também é importante lembrar que o PT é membro do Foro de São Paulo, uma espécie de organização latino-americana que explicita sua simpatia por projetos de esquerda e socialistas, em um trecho da Declaração Final de seu primeiro encontro, realizado em 1990, em São Paulo. O referido trecho é este: "Nesse marco renovamos hoje nossos projetos de esquerda e socialistas." O Foro de São Paulo realizou até 2014 um total de 20 encontros em diversos países da América Latina, alguns deles novamente no Brasil.

Uma tática dos esquerdistas para levar o espectro político e cultural a cada dia ainda mais para o seu lado, ou seja, para a esquerda, é reclamar das políticas do PT, como se essas não fossem esquerdistas o suficiente, e tratar o PSDB como se fosse um partido de direita, mesmo este não sendo, repudiando este e as poucas medidas liberais que este defende. Assim, qualquer partido que esteja à direita do PSDB e que realmente possa ser chamada de "liberal" ou "direitista" é chamado pela esquerda de "extrema-direita", um rótulo que aqui no Brasil, ao menos no senso comum, é geralmente bastante pejorativo. De certa forma, é confortável ao PT, um partido de esquerda, ter como principal partido de oposição um partido como o PSDB, que não é de direita, mas que acaba ocupando esse espaço no imaginário popular.

# CAPÍTULO 20

"O governo deveria controlar os preços cobrados pelos empresários".

# "O governo deveria controlar os preços cobrados pelos empresários".

**NÃO, SR. COMUNA.** Uma proposta coercitiva como essa só poderia partir de um indivíduo autoritário como você. Restringir o direito das pessoas fazerem transações voluntárias com liberdade é uma medida própria de governos interventores. E os resultados econômicos, via de regra, são desastrosos para os que a adotam. Geralmente os governos recorrem ao controle de preços depois de terem inflacionado a quantidade de dinheiro na economia e a população ter começado a reclamar do decorrente aumento dos preços. Mas quando o governo determina, como remédio para conter a inflação, o controle de preços, o que acontece geralmente é o desabastecimento dos produtos tabelados. E isso é facilmente explicável: um produto tabelado muitas vezes acaba tendo sua demanda aumentada graças ao preço menor, por um lado; e as empresas marginais, que estão produzindo a custos mais elevados, podem começar a sofrer prejuízos caso tenham que vender nos preços tabelados. Muitas acabam tendo que fechar as portas. O resultado: diminuição dos bens produzidos, e consequentemente, escassez. Acredito que nem um esquerdista como você aprova isso, concorda?

Uma outra justificativa dada por um governo interventor para controlar os preços é que assim procedendo, ao menos em determinados produtos que ele considera "necessários", ele torna tais produtos mais acessíveis aos mais pobres. Em relação a esta desculpa dos governantes, o economista Henry Hazlitt escreveu:

> *O argumento para tabelamento do preço desses produtos será mais ou menos o seguinte: se deixarmos, por exemplo, a carne à mercê do mercado livre a alta será forçada pela concorrência, de sorte que somente os ricos poderão adquiri-la. Os pobres não terão a carne na proporção de suas necessidades, mas apenas na proporção de seu poder aquisitivo. Se for mantido baixo o preço, todos terão o seu justo quinhão. Ora, não podemos manter o preço de qualquer mercadoria abaixo do preço do mercado sem que isso traga, com o tempo, duas consequências. A primeira é aumentar a procura da mercadoria. Sendo esta mais barata, as pessoas sentem-se tentadas a comprar mais, e podem fazê-lo. A segunda consequência é reduzir a oferta.*

Como explicado acima, quando se fixa um preço máximo para determinado produto e mais nada é feito, a consequência é precisamente o contrário do que os governantes imaginariam que aconteceria: esse produto, no exemplo acima, a carne, passa a faltar. Se questionarem o porquê da diminuição da produção aos criadores de gado, muitos destes falarão que os custos de produção são superiores ao valor estipulado pelo governo. Um governante que então estudasse sobre as "leis" do mercado e pesquisasse situações semelhantes seria sensato e reveria este controle de preços. Mas governantes nem sempre são sensatos, e alguns passariam então a controlar o preço da ração e outros fatores de produção. O que aconteceria então? Repetiria-se com alguns dos produtores de ração a mesma dificuldade que os criadores de gado tiveram, com custos de produção superando o valor imposto pelo governo. Se o governo insistir no mesmo remédio, tabelando os insumos necessários para produzir a ração, e assim, sucessivamente com outros produtos, em breve estará controlando os preços de quase toda a economia. E isso gerará escassez generalizada de muitos produtos, que muitos governos tentarão debelar com racionamentos. A partir deste ponto, longas filas para comprar produtos básicos podem tornar-se frequentes.

Infelizmente governantes raramente aprendem com os erros mostrados nos livros de história. Isso acontece, por exemplo, na vizinha Argentina. Em 1920, a renda *per capita* dos *hermanos* era superior à dos americanos e ingleses, só um pouquinho atrás da França. Mas políticas econômicas equivocadas e interventoras fizeram com que esse país não acompanhasse a evolução da renda das outras nações citadas. Sob o governo de Perón, por exemplo, entre outras medidas desastrosas, o governo passou a controlar preços de produtos agrícolas para exportação. Resultado? Com salários e custos aumentando, fazendeiros cancelaram investimentos e reduziram a produção. Essa política agrária equivocada de Perón aconteceu na década de 40 do século passado. Leia agora esta notícia de setembro de 2014:

> *O Congresso argentino aprovou nesta quinta-feira uma lei que regula os preços e a produção, como estratégia de combate à inflação.*

*Os empresários do país resistem à medida, alegando que ela é inconstitucional. Em uma sessão concluída na madrugada, o governo impôs sua maioria na Câmara dos Deputados e conseguiu a aprovação por 130 votos a favor, 105 contra e 5 abstenções da chamada Lei de Abastecimento.(...)De acordo com a nova norma, o governo poderá fixar margens de preços de referência, assim como aplicar sanções a quem remarcar injustificadamente os preços, monopolizar mercadorias ou se negar a vender produtos.*

Parece que os argentinos não aprenderam com os erros do passado, sejam seus ou de seus vizinhos. Salvador Allende, socialista que presidiu o Chile no início da década de 70, desarranjou completamente a economia do país, ao impor controle de preços que geraram enorme escassez de produtos. Racionamento e longas filas passaram a fazer parte da vida dos chilenos. No Brasil, em 1986, o governo projetou o Plano Cruzado, e uma das medidas deste foi a determinação do congelamento de preços para tentar domar a hiperinflação. O plano fracassou, gerando uma crise de desabastecimento numa economia superaquecida, que gerou um outro plano, o Cruzadinho, que tinha o intuito de desaquecer o consumo. Um ano depois, em fevereiro de1987, o Brasil deixou de pagar os juros da dívida, numa moratória que marcou a economia nacional por muitos anos.

Por essas razões, caro socialista, da próxima vez em que se vir tentado a pleitear a intervenção do governo no mercado, via tabelamento de preços, lembre-se que além de autoritária essa medida causa o engessamento da economia, desencorajando e desorganizando os empregos e a produção. Uma situação que não interessa a ninguém, muito menos aos mais pobres.

# CAPÍTULO 21

"Vocês são fascistas" (esquerdistas dizendo isso para defensores do livre-mercado).

# "Vocês são fascistas" (esquerdistas dizendo isso para defensores do livre-mercado).

**NÃO, SR. COMUNA..** Ao dizer isto, você se mostra desonesto ou no mínimo ignorante a respeito do que quer dizer o termo "fascista". Supondo que seja o segundo caso, vou lhe dar uma aula: os fascistas, entre outras coisas, defendem que o Estado deva interferir na vida das pessoas e das empresas. Isso é algo que quase todos, talvez todos, os autoritários como você, tambem defendem. Nós, simpatizantes do capitalismo "*laissez-faire*", defendemos no mínimo a diminuição da interferência estatal no livre-mercado. Se você, esquerdista, quer o Estado interferindo na vida das pessoas e das empresas, a realidade é que você, sabendo ou não, defende coisas que os fascistas também defendem. Na prática, você, como eles, também ''advoga'' por um modelo que favorece a criação de uma nociva simbiose entre empresas e governantes, que muitas vezes acaba em corrupção.

"Tudo no Estado, nada contra o Estado e nada fora do Estado". Esta é a famosa frase de Benito Mussolini (1883-1945), o italiano que

. 185

popularizou o fascismo, uma ideologia que é conhecida nos dias de hoje como uma espécie de terceira via, entre os defensores do livre-mercado (capitalismo) e os socialistas. O nome fascismo vem de *fascis*, "feixe", e a razão da escolha deste nome para a ideologia vem do fato que uma vara oferece muito menos resistência do que um feixe de varas. Ou seja, a analogia é que a coletividade é mais forte que o indivíduo. O regime fascista de Mussolini admitia o capitalismo mas, assim como os comunistas, não tinha grande apreço pela liberdade, pois submetia os indivíduos, os sindicatos e as empresas aos interesses do Estado. Os fascistas realizaram forte intervenção, por exemplo, na relação entre patrões e empregados.

Quem, nos dias de hoje, de maneira geral, simpatiza mais com um Estado interventor, como foi o governo fascista de Mussolini: os defensores do livre-mercado, ou os socialistas? O próprio Mussolini aos 18 anos já escrevia para um jornal socialista, e antes de assumir o poder na Itália havia sido membro do Partido Socialista Italiano.

Como o termo "fascista", possui notadamente, e de maneira justa, diga-se, um caráter pejorativo perante a população em geral, é altamente provável, nos dias atuais, que em um debate alguém tente rotular seu opositor como fascista. Mais comum é que quem o faça, quem tente imputar esse rótulo de fascista no outro debatedor , seja um esquerdista, um simpatizante da intervenção estatal na vida das pessoas. Tal postura denota vigarice ou no mínimo ignorância de quem assim procede. Se um liberal é contra um Estado inchado e interventor, parece óbvio que chamá-lo de fascista é uma falácia. E os socialistas, ao mesmo tempo em que chamam os defensores de livre-mercado de fascistas, defendem a intervenção estatal na economia para "corrigir" os problemas que eles veem no capitalismo. E tais interferências são uma das características mais marcantes dos regimes fascistas. Mas de certa forma essa postura dos esquerdistas não é novidade, pois é razoavelmente comum eles não mostrarem coerência entre o discurso e a prática.

Em artigo intitulado "A vitória do fascismo", Olavo de Carvalho escreveu:

> Não espanta que toda tentativa de fusão entre capitalismo e socialismo resulte numa contradição ainda mais funda: quando os socialistas desistem da estatização integral dos meios de produção e os capitalistas aceitam o princípio do controle estatal, o resultado, hoje em dia, chama-se "terceira via". Mas é, sem tirar nem pôr, economia fascista.

Um efeito colateral nefasto das medidas intervencionistas dos fascistas no mercado, é que elas acabam por restringir a supremacia do consumidor. Num livre-mercado autêntico, consumidores é que definem as empresas que vão permanecer ou não, quais vão continuar fornecendo bens e serviços à população e quais irão falir. Num estado fascista, essa supremacia dos consumidores é diminuída, e empresários que têm boas conexões políticas muitas vezes enriquecem graças ao bom relacionamento com os governantes, e não ao mérito por fornecer produtos ou serviços com maior eficiência que seus concorrentes, como seria de se esperar num livre-mercado genuíno. O fascismo muitas vezes cria condições para empresários inescrupulosos e políticos corruptos façam uma troca de favores ilícitos às custas do pagador de impostos.

. 187

Um defensor do livre-mercado é avesso a um Estado interventor, como são os Estados fascistas. Socialistas, por sua vez, não têm simpatia pelo livre-mercado. Portanto, caro socialista, da próxima vez que você chamar um defensor do livre-mercado de fascista, você sabe que estará faltando com a verdade. E se você for coerente, concordará que muitas das reformas no capitalismo defendidas por socialistas é que podem empurrar o capitalismo de livre-mercado na direção do fascismo. Mas não sei se isso o incomoda, e se o incomoda, não sei até que ponto, afinal, se você é socialista, provavelmente a liberdade não seja algo que você preze tanto quanto um defensor do livre-mercado.

# CAPÍTULO 22

"A solução para resolver os problemas do Brasil é taxar as grandes fortunas".

# "A solução para resolver os problemas do Brasil é taxar as grandes fortunas".

**NÃO, SR. COMUNA.** Lamento lhe informar que essa sua tara pelo confisco dos bens alheios é completamente contraproducente do ponto de vista econômico. O imposto da inveja, ou taxação das grandes fortunas, causaria, segundo estudo da Tax Foundation, efeitos completamente indesejáveis, até mesmo para os que simpatizaram com as ideias de Thomas Piketty, o autor do livro *O capital no século XXI*, que reacendeu esse debate. Uma taxação como a básica recomendada por ele, entre 1% e 2% sobre o patrimônio para a parcela mais rica da população, resultaria, segundo a fundação citada, em uma diminuição de 4,9% no PIB dos Estados Unidos, causaria a perda de cerca de 886.400 postos de trabalho e uma queda da média salarial dos norte-americanos em cerca de 4,2%. Ou seja: uma taxação das grandes fortunas como a defendida por Piketty e por muitos esquerdistas tornaria os ricos mais pobres. Mas não só os ricos perderiam, como alguns poderiam imaginar. O resto da sociedade, como vimos, ficaria mais pobre também.

Segundo a Tax Foundation, um dos maiores e mais antigos centros de estudo sobre o efeito dos impostos na economia, se a taxação básica recomendada por Piketty, de 1% para quem tivesse patrimônio líquido entre 1,3 milhão de dólares e 6,5 milhões de dólares, e de 2% para quem tivesse acima de 6,5 milhões de dólares, fosse colocada em prática nos Estados Unidos, o acréscimo que seria arrecadado pelo governo seria de menos de 20 bilhões de dólares. Mas como dito, nesse cenário, a queda do PIB estimada pelos pesquisadores seria de 4,9%, o que resultaria em menos 800 bilhões de dólares na economia norte-americana em todos os anos. Thomas Piketty também sugere outros modelos de tributação, entre eles um em que pessoas com patrimônio líquido acima de 260.000 dólares já seriam taxadas em 0,5%, e essa faixa de tributação iria até patrimônios de 1,3 milhão de dólares. Patrimônios acima desse valor seguiriam os percentuais do modelo básico. Nesse cenário de tributação, o estrago na economia seria ainda maior. Essa faixa de tributação agravaria um problema que já existiria mesmo para algumas pessoas com patrimônio líquido maior: quem estivesse nas faixas de tributação e não tivesse muitos ganhos sobre seus bens, teria que em alguns casos até que se desfazer de parte deles apenas para pagar o novo imposto. Muitos agricultores, por exemplo, correriam esse risco. O imposto sobre grandes fortunas acima de 260 mil dólares nas alíquotas propostas no modelo alternativo de Piketty geraria mais 62,6 bilhões de dólares para o governo, ao custo de cerca de 1,1 milhão de postos de trabalho, de uma queda no PIB de 6,1%, cerca de 1 trilhão de dólares e uma diminuição dos salários em torno de 5,2%. Ambos os cenários são bastante adversos, concordam?

É importante frisar que a Tax Foundation lembra que Piketty gostaria que o imposto sobre fortunas fosse "global", mas que ele próprio chama essa ideia de "utópica". Ainda segundo o artigo da Tax Foundation, para Piketty, os países que desejam avançar nessa direção poderiam fazê-lo por conta própria, ou seja, poderiam adotar esta forma de tributação independentemente dela tornar-se "global".

No Brasil existem, sob o nome de impostos, taxas, contribuições e contribuições de melhoria, cerca de 92 tributos diferentes (dados de 2014). O total arrecadado pelo governo federal em 2014 impressiona: R$ 1,187 trilhão. E aqui não estão incluídos os tributos municipais e estaduais. Será que precisamos de mais um imposto? A resposta que nos parece óbvia, é que não. Apesar disso, políticos como o então senador Fernando Henrique Cardoso, em 1989; Fernando Collor, em 1990; a deputada Jandira Feghali, do PCdo B, em 2011 e o senador Antonio Valadares, do PSB, em 2012, defenderam ou apresentaram projetos para taxar grandes fortunas, diferenciando-se de Piketty nos percentuais e valores de patrimônio que deveriam ser taxados. O PT, partido que está no poder desde 2003, também já defendeu essa medida. Mas, como explicaremos a seguir, além da análise da Tax Foundation mostrar os efeitos indesejáveis que essa medida ocasionaria, a teoria econômica também recomenda que impostos sobre grandes fortunas não devem ser implementados.

O que determina o padrão de vida de uma população é a quantidade de bens e serviços de qualidade à disposição dela. Mas, para que estes sejam produzidos, é necessário capital, nesse caso, é tudo aquilo que facilita o aumento da produção, como máquinas, ferramentas, estoques etc. E para que haja acúmulo de capital, é fundamental que haja poupança. E, para haver poupança, é necessário se abster de consumir tudo que se ganha. É isso que os capitalistas fazem. Ao se abster de consumir, eles conseguem acumular recursos

. 195

para investir em mais bens de capital, que farão com que seja possível um aumento da produção, gerando assim maior abundância de bens na economia. E mais bens na economia significa que mais pessoas poderão ter acesso a eles, geralmente por preços a cada dia mais baixos. Uma situação que beneficia a toda a população. Mas se o governo resolve taxar grandes fortunas, retira do setor produtivo da sociedade recursos que poderiam gerar novos investimentos que possibilitariam, como já dito, um aumento da produtividade.

Para os que ainda pensam que, com um imposto sobre grandes fortunas, esse dinheiro poderia ser usado para fornecer melhores serviços para os mais pobres, é necessário lembrar que estes ganhos seriam às custas da perda de parte da capacidade de investimento da iniciativa privada. Afinal, sobrariam menos recursos para o capitalista investir para aumentar a produtividade, que é essencial para que os salários dos trabalhadores possam aumentar de forma sustentável. Maior quantidade de bens de capital à disposição é uma das duas razões (a outra é a educação e capacidade técnica do trabalhador) que fazem com que um norte-americano possa ser muito mais produtivo que um indiano, por exemplo, mesmo trabalhando a mesma quantidade de tempo. E também gerar novos empregos. A esta altura, talvez alguém poderia também dizer que o imposto sobre grandes fortunas faria com que o dinheiro que os empresários deixam parado e que seria confiscado movimentaria a economia. Grande equívoco está cometendo quem pensa assim. O dinheiro poupado pelos capitalistas e aplicado no banco não fica parado lá. Ele é emprestado pelo banco a alguém que o investirá de alguma forma. Quanto maior for a taxa de poupança da população, mais barato poderá ficar o dinheiro para quem for tomar empréstimos, pois os juros, o custo do dinheiro, tende a cair, quando a oferta deste à disposição dos empreendedores tomadores de empréstimo for maior. Para que o Brasil tenha um padrão de vida semelhante ao de um norte-americano, e possa pagar salários semelhantes aos que eles recebem, é preciso que o governo não confisque os recursos acumulados, que assim poderão ser investidos em bens de capital que poderão aumentar a produtividade do trabalhador. Taxar as grandes fortunas seria um grande desestímulo à poupança, o que traria consequências ruins para um país que pretende prosperar.

O renomado jurista Ives Gandra Martins escreveu que a maioria dos países não adotaram o imposto sobre grandes fortunas, para ele, sabiamente. E os que o adotaram criaram tantas hipóteses de exclusão que os deixaram sem qualquer relevância. O dr. Ives relatou também alguns inconvenientes que foram apontados por outros autores:

> *Desestimularia a poupança, com efeitos negativos sobre o desenvolvimento econômico; geraria baixa arrecadação, criando mais problemas que soluções (nos países que o adotaram, a média da arrecadação correspondeu de 1% a 2% do total dos tributos arrecadados); o controle seria extremamente complexo, com a necessidade de um considerável número de medidas para regulá-lo e fiscalizar a sua aplicação; por fim, poderia gerar fuga de capitais para países em que tal imposição inexiste (a esmagadora maioria não tem o IGF).*

Como vemos, o jurista apontou mais um grande problema causado pela taxação de grandes fortunas, que seria a fuga de capitais para outras nações, situação indesejável para qualquer país, principalmente para um com uma taxa de poupança tão baixa e que necessite tanto de novos investimentos como o Brasil. Se esse imposto sobre grandes fortunas for implementado, provavelmente aumentará o risco de que milionários se mudem para o exterior, para lugares em que a tributação lhe seja menos desfavorável. Creio que nem mesmo o esquerdista mais convicto acredite que seja interessante para a economia que milionários deixem o país.

Retirar ainda mais dinheiro do setor produtivo da sociedade renderia poucos recursos adicionais a um governo que já arrecada mais de um trilhão de reais por ano. Geraria provavelmente grande fuga de capitais para outros países, e desestimularia em muito a poupança. Em vez de esquerdistas, invejosos e ignorantes sobre teoria econômica pensarem em confiscar o patrimônio alheio, com a implementação de um imposto sobre grandes fortunas, deveriam se concentrar em estudar sobre o que deve ser feito para criar condições para que a riqueza possa ser aumentada. O caminho para a geração de riqueza é o investimento em bens de capital, e para este é necessário que haja poupança. Taxar as grandes fortunas é diminuir a poupança dos cidadãos, e consequentemente, a sua capacidade de fazer novos investimentos. Será que é tão difícil para um esquerdista entender isso?

# CAPÍTULO 23

"Quem arca com o pagamento dos projetos artísticos beneficiados com a Lei Rouanet não é o governo".

# "Quem arca com o pagamento dos projetos artísticos beneficiados com a Lei Rouanet não é o governo".

**Não, SR. COMUNA.** Sua análise sobre quem arca com os custos da Lei Rouanet é refutada pelas palavras do então Ministro da Cultura, Juca Ferreira, em 29 de janeiro de 2015. Veja o que ele disse sobre a Lei Rouanet: "(...) trata-se de 100% de dinheiro público. É uma parceria público-privada que o público entra com o dinheiro e o privado define quem vai ser escolhido". O ministro disse aí uma meia verdade, afinal, passa pelo crivo do governo a seleção dos projetos que poderão tentar captar o dinheiro junto à iniciativa privada. Como o ministro disse, as empresas e pessoas físicas não precisam colocar nenhum dinheiro nesses projetos, pois o mecanismo da Lei Rouanet possibilita que elas optem por destinar parte do seu Imposto de Renda para projetos culturais. As pessoas físicas e empresas não deixam, portanto, de ter que pagar tais tributos, mas o estado renuncia do direito de receber esse dinheiro em favor dos projetos culturais, beneficiando assim os artistas com esses recursos, em detrimento do restante da população.

A Lei Rouanet, decretada pelo Congresso Nacional e sancionada pelo então presidente Fernando Collor em dezembro de 1991, tem o intuito de estimular o setor cultural, priorizando a produção nacional. O governo, através desta lei, pode abrir mão de parte dos impostos que recebe de pessoas físicas e de pessoas jurídicas, para que esses valores sejam investidos em projetos culturais. O artigo 18 da Lei Rouanet autoriza as pessoas físicas e jurídicas a deduzir do Imposto de Renda o valor total desembolsado nos projetos previamente aprovados pelo Ministério da Cultura, dentro dos percentuais permitidos pela legislação tributária: pessoas jurídicas podem doar até 4% do seu Imposto de Renda devido para projetos culturais e ter esse valor total deduzido do total a pagar. Para pessoas físicas, o percentual máximo que pode ser doado e deduzido do total a pagar é 6%.

A essa altura, o leitor pode estar imaginando que o governo está fazendo uma boa ação, ao realizar essa renúncia fiscal em favor do setor cultural. O problema deste raciocínio é que ele é incompleto. Ao contrário de uma renúncia fiscal em que o governo abre mão de um imposto ou de parte de um imposto e o beneficiado é diretamente a pessoa ou empresa que com tal renúncia pagará menos impostos, na Lei Rouanet a renúncia fiscal do governo não significa que pessoas e empresas pagarão menos impostos, e sim que estes impostos pagos por elas poderão ser destinados a projetos culturais que foram previamente aprovados pelo governo. É importante a essa altura lembrarmos que dinheiro não tem carimbo, ou seja, não deveria necessariamente ter que ser gasto da maneira como o governo vem fazendo, via Lei Rouanet. Ao indiretamente permitir que parte do dinheiro que é retirado das pessoas e empresas via Imposto de Renda seja transferido para projetos culturais, o governo deixa de dar o retorno desses tributos que foram impostos à população. O governo poderia investir esses tributos no sistema de saúde pública, por exemplo, ou renunciar a essas receitas para que todos cidadãos fiquem com mais dinheiro no bolso. Mas, como dito, não é isso que acontece, e os tributos cobrados de pessoas e empresas acabam indiretamente indo parar no bolso dos que dizem "fazer cultura" e da classe artística, ou melhor dizendo, no bolso dos solicitantes do uso da Lei Rouanet que fizeram algum projeto que foi classificado como "cultural", e que conseguiram captar os recursos após a aprovação.

Embora não exista comprovação de que algum governo tenha utilizado a Lei Rouanet para buscar o apoio da classe artística, é necessário lembrar que a aprovação dos projetos culturais está sujeita a fatores subjetivos, e sendo assim, não é impossível de se acreditar que a existência desta lei possa fazer com que alguns artistas, que tenham intuito de solicitar o apoio dela para determinado projeto, evitem fazer críticas publicamente aos governantes "da vez".

Foram incentivados 3.398 projetos culturais no ano de 2012, com um valor total captado de R$ 1.230.140.075,39, segundo lançamentos dos "Recibos de Mecenato", enviados pelos proponentes e cadastrados pelo Ministério da Cultura até o dia 27/02/2013. No frigir dos ovos, esse montante bilionário saiu do bolso dos pagadores de impostos e quase nenhum retorno trouxe para eles. E para agravar o problema, entre os beneficiários da Lei Rouanet estão muitos artistas que já são milionários.

Estes projetos abaixo estão entre os que receberam permissão para tentar captar dinheiro via Lei Rouanet nos últimos anos. Não foram aqui citados por nenhuma razão especial. Não me interessa, nesses casos específicos, saber se os beneficiários destes projetos têm preferência por algum partido ou ideologia. Também não me interessa saber se os beneficiários teriam condições financeiras ou não de tentar viabilizar estes projetos sem tentar utilizar a Lei Rouanet. Informo que estes são os valores autorizados para que os beneficiários dos projetos pudessem captar o dinheiro via Lei Rouanet, mas isso não quer dizer que os beneficiários realmente tentaram captar os montantes autorizados, e se tentaram, não significa que conseguiram:

*Mostra - Artesãos do Brasil na poética da moda: Sedimentos criativos revisitados por Ronaldo Fraga*

*Resumo do Projeto: A exposição de cultura visual contemporânea e de criações de cunho autoral de Ronaldo Fraga apresentará artefatos têxteis e técnicas brasileiras que transitam do popular ao erudito e do erudito ao popular, trabalho que se desdobra em duas coleções desfiladas nas temporadas de moda de São Paulo, evento conhecido como São Paulo Fashion Week. Mário de Andrade, João Cabral de Melo Neto e o artesão Espedito Seleiro são inspirações para estas duas Mostras.*
*Valor autorizado para buscar captação: R$ 2.040.500,00*

*Luan Santana - Turnê: Nosso Tempo é Hoje - Parte II*
*Resumo do Projeto: Turnê composta por 15 shows do consagrado jovem sertanejo Luan Santana, interpretando sucessos de sua carreira além da apresentação ao público de canções inéditas. A turnê*

*"Nosso Tempo é Hoje - Parte II" é uma oportunidade para os fãs do cantor aproveitarem um evento musical diferenciado, em uma atmosfera temática, romântica e repleta de efeitos especiais e referências artísticas*

*Valor autorizado para captação: R$ 4.143.325,00*

*O Mundo Precisa de Poesia - blog*
*Criação de um blog inteiramente dedicado à poesia, publicando diariamente um vídeo diferente no qual Maria Bethânia interpretará uma grande obra em verso ou prosa.*
*Valor autorizado para buscar captação: R$ 1.356.858,00*

*Humberto Gessinger - DVD solo*
*Resumo do Projeto: O presente projeto prevê a produção do 1º DVD solo de Humberto Gessinger, cantautor e multi-instrumentista, reconhecido nacionalmente como fundador de umas das maiores bandas do rock brasileiro, o Engenheiros do Hawaii. O DVD será gravado em Porto Alegre/RS e fará parte da comemoração de seu 50º aniversário. No repertório, sucessos de sua carreira e novas composições. Propõe-se ainda uma pequena turnê de lançamento, com apresentações em Belo Horizonte/MG, Rio de Janeiro/RJ e São Paulo/SP.*
*Valor autorizado para buscar captação: R$ 1.004.849,00*

Tais projetos certamente preencheram os requisitos pré-determinados pelo Ministério da Cultura. Estão, portanto, dentro da lei. Mas esse não é o questionamento que deve ser feito. O questionamento a ser feito, é se deveria existir essa lei, que possibilitou aos solicitantes, após a aprovação dos projetos, o direito de tentar buscar a captação dos recursos. Resumindo: o questionamento a ser feito é se a Lei Rouanet deveria mesmo existir.

Um argumento que é comum entre os defensores da Lei Rouanet, é que ela seria necessária para a sobrevivência de artistas e formas de expressão artísticas que não são valorizadas pelo mercado. Para os que pensam assim, o Estado tem uma espécie de "poder" de corrigir as "falhas" do mercado, que não valorizaria algo que, segundo o Estado deveria ser valorizado. Mas, sendo o mercado formado pelo conjunto das pessoas, e consequentemente, da opinião delas, porque aceitaríamos a ideia de que o Estado, que é representado por uma quantidade muitas vezes inferior de pessoas, teria autoridade para determinar qual expressão artística deveria ser financiada, e qual não?

Obviamente existem fatores subjetivos para a liberação das verbas. Se não temos como medir um mérito artístico, como definir qual arte seria "digna" de receber financiamento estatal? Qual expressão artística seria culturalmente relevante? Se acreditamos que deva existir critérios objetivos para a aprovação do financiamento, chegaremos à conclusão de que é impossível que o Estado aloque corretamente os recursos. Esta é mais uma razão para que nenhum artista seja ajudado pelo governo. Em uma sociedade livre, os consumidores é que devem determinar quais formas de arte deverão continuar sendo desenvolvidas. Se uma pessoa ou grupo de pessoas deseja que uma forma de arte deva ser preservada e continue existindo no futuro, eles têm a opção de consumi-la e incentivá-la, voluntariamente.

Ao invés de depender da Lei Rouanet, os artistas e produtores artísticos poderiam recorrer a soluções alternativas para que as pessoas e empresas voluntariamente financiem seus projetos. Uma opção seria tentarem o financiamento via *crowdfunding* pela internet. *Crowdfunding* é um termo em inglês que significa arrecadação de multidão, e vem sendo usado para financiar diversos tipos de iniciativas. Qualquer pessoa pode doar quantias em dinheiro a projetos que interessarem nos sites, recebendo pela doação recompensas não financeiras. Cabe a artistas e produtores usarem a sua criatividade para buscarem os recursos que desejam junto à iniciativa privada da maneira mais eficiente, e de forma voluntária.

Muitos pretensos "defensores da arte", só que às custas do pagador de impostos, vão continuar dizendo que certas expressões artísticas não valorizadas pelo mercado precisam da Lei Rouanet, precisam da ajuda estatal para sobreviver. Para eles, pouco importa se os critérios para aprovação dos projetos serão subjetivos, e se eles beneficiam algumas pessoas às custas de outras. Faço a eles uma pergunta: por que não deixar o dinheiro na mão da população para que ela escolha qual arte quer consumir, qual arte ela vai querer ajudar a sobreviver ao teste do tempo? É obvio que nem sempre o que o mercado consome vai necessariamente ser uma boa arte. Mas numa sociedade voluntária, pautada pela liberdade e responsabilidade, não é o Estado, e sim as pessoas, que decidirão quais formas de arte elas querem que sobreviva. Sem impor a sua vontade às outras. Sem impor gastos a outrem. Sem dinheiro público. Sem Lei Rouanet.

# BIBLIOGRAFIA BÁSICA

Narloch, Leandro, *Guia Politicamente Incorreto da história do Mundo*. São Paulo: Leya. 2013.

Von Mises, Ludwig, *As seis lições*. Tradução de Maria Luiza Borges - 7ª edição. São Paulo: Instituto Ludwig von Mises Brasil, 2009.

Von Mises, Ludwig, *A mentalidade anticapitalista*. Instituto Liberal, 2013. Edição autorizada pelo Instituto Liberal/RJ para publicação pela Vide Editorial.

Constantino, Rodrigo, *Esquerda Caviar* - A hipocrisia dos artistas e intelectuais progressistas no Brasil e no mundo. 2ª Ed. Rio de Janeiro: Record, 2013.

Carvalho, Olavo de, *O Mínimo que você precisa saber para não ser um idiota*. Organização Felipe Moura Brasil -3ª Ed. Rio de Janeiro: Record, 2013.

Kirk, Russell, *A Política da Prudencia*. Tradução de Gustavo Santos e Márcia Xavier de Brito. São Paulo: É Realizações, 2013.

Courtois, Stéphane e outros, *O Livro Negro do Comunismo*: Crimes, terror, repressão. Rio de Janeiro: Bertrand Brasil, 1999.

Iochpe, Gustavo, em citação da revista *Veja*, disponível em http://imil.org.br/artigos/transparencia/o-rombo-da-educao/. Acesso em 13.mai.2015.

Iochpe, Gustavo, disponível em http://www.livrosepessoas.com/2014/07/27/gustavo-ioschpe-derruba-12-mitos-da-educacao-brasileira/. Acesso em 13.mai.2015.

Menezes Filho, Naércio, em artigo para o jornal *Valor Econômico*, disponível em http://insper.edu.br/blogdocpp/artigo-mais-gastos-com-educacao/. Acesso em 13.mai.2015.

Bandeira, Luiza, disponível em http://www.bbc.co.uk/portuguese/noticias/2014/09/140908_relatorio_educacao_lab. Acesso em 13.mai.2015.

Aníbal, José, em nota à imprensa em nome do PSDB, disponível em http://www.psdb.org.br/congresso-da-internacional-socialista/. Acesso em 13.mai.2015.

Estatuto do Partido dos Trabalhadores, disponível em https://www.pt.org.br/wp-content/uploads/2014/04/ESTATUTO_PT_2012_-_VERSAO_FINAL_registrada.pdf. Acesso em 13.mai.2015.

Matéria do portal *G1*, disponível em http://g1.globo.com/Noticias/Mundo/0,,MUL7961-5602,00-CONGELAMENTO+DE+PRECOS+NO+BRASIL+-NOS+ANOS+NAO+FUNCIONOU.html. Acesso em 13.mai.2015.

Matéria da agência AFP, publicada na revista *Exame*, disponível em http://exame.abril.com.br/economia/noticias/argentina-aprova-lei-para-controle-de-precos-e-de-producao. Acesso em 13.mai.2015.

Feijó, Ricardo Luis Chaves, disponível em http://www.scielo.br/scielo.php?pid=S0101-31572009000200005&script=sci_arttext. Acesso em 13.mai.2015.

Carvalho, Olavo de, em coluna do jornal *O Globo*, disponível em http://www.olavodecarvalho.org/semana/bocalidade.htm. Acesso em 13.mai.2015.

Matéria do jornal *O Estado de S. Paulo*, disponível em http://politica.estadao.com.br/noticias/geral,pc-do-b-mantem-hegemonia-na-une-e-elege-estudante-de-letras-da-usp,1038361. Acesso em 13.mai.2015.

Mendes, Lourival Gomes, *Tese de Mestrado* para a Universidade Federal de Uberlândia, disponível em http://repositorio.ufu.br/bitstream/123456789/488/1/EstudoLocalizacaoUnidades.pdf. Acesso em 13.mai.2015.

IPEA, demonstrativo da evolução do PIB, disponível em http://www.ipeadata.gov.br/ExibeSerie.aspx?serid=38375. Acesso em 13.mai.2015.

Lisboa, Carla, disponível em http://www.ipea.gov.br/desafios/index.php?option=com_content&view=article&id=2946:catid=28&Itemid=23. Acesso em 13.mai.2015.

Costa, Diogo, disponível em http://www.mises.org.br/Article.aspx?id=1763. Acesso em 13.mai.2015.

Pinheiro, Joel, disponível em http://spotniks.com/pare-de-colocar-culpa-na-desigualdade/. Acesso em 13.mai.2015.

Von Mises, Ludwig, disponível em http://www.mises.org.br/EbookChapter.aspx?id=272. Acesso em 13.mai.2015.

Bento, Maurício, disponível em http://mercadopopular.org/2015/01/o-salario-minimo-ajuda-mesmo-o-trabalhador-como-funciona-fora-brasil/. Acesso em 13.mai.2015.

Von Mises, Ludwig, disponível em http://www.mises.org.br/Article.aspx?id=1050. Acesso em 13.mai.2015.

Soso, Jesús Huerta de, disponível em http://www.mises.org.br/Article.aspx?id=1487. Acesso em 13.mai.2015.

Rallo, Juan Ramón, disponível em http://www.mises.org.br/Article.aspx?id=1751. Acesso em 13.mai.2015.

Morgenstern, Flavio, disponível em http://ordemlivre.org/posts/uma-unica-licao-de-economia. Acesso em 13.mai.2015.

Von Mises, Ludwig, disponível em http://www.mises.org.br/EbookChapter.aspx?id=467. Acesso em 13.mai.2015.

Hayek, Friedrich A., disponível em http://mises.org.br/Article.aspx?id=1665. Acesso em 13.mai.2015.

Diversos autores, disponível em http://www.mises.org.br/Article.aspx?id=2063&comments=true. Acesso em 13.mai.2015.

Friedman, Milton, disponível em http://ordemlivre.org/posts/capitalismo-e-liberdade--7. Acesso em 13.mai.2015.

Leão, Naiara, disponível em http://ultimosegundo.ig.com.br/educacao/nao+somos+irresponsaveis+diz+autora+de+livro+com+nos+pega/n1596948804100.html. Acesso em 13.mai.2015.

Souza, Christiane de, *Tese de Mestrado* para a Uninove, disponível em http://www.dominiopublico.gov.br/pesquisa/DetalheObraForm.do?select_action=&co_obra=153168. Acesso em 13.mai.2015.

Tarrio, Carolina, disponível em http://educarparacrescer.abril.com.br/aprendizagem/materias_295344.shtml. Acesso em 13.mai.2015.

Scoz, Sabrina Palma, disponível em http://tcc.bu.ufsc.br/Economia293403. Acesso em 13.mai.2015.

Constantino, Rodrigo, disponível em http://rodrigoconstantino.blogspot.com.br/2007/08/o-valor-de-menger.html. Acesso em 13.mai.2015.

Carvalho, Fernando J. Cardim, disponível em http://www.ie.ufrj.br/moeda/pdfs/investimento_poupanca_e_financiamento.pdf. Acesso em 13.mai.2015.

Constantino, Rodrigo, disponível em http://veja.abril.com.br/blog/rodrigo-constantino/socialismo/refutando-com-bohm-bawerk-a-teoria-da-exploracao-marxista/. Acesso em 13.mai.2015.

Menezes Filho, Naércio, em coluna para o jornal *Valor Econômico*, disponível em http://insper.edu.br/blogdocpp/artigo-mais-gastos-com-educacao/ Blog do CPP "Blog Archive" ARTIGO – Mais gastos com educação? Insper, disponível em insper.edu.br. Acesso em 13.mai.2015.

Lorenzon, Geanluca, disponível em http://www.institutoliberal.org.br/blog/o-bullying-como-estrategia-contra-os-liberais-iii/. Acesso em 13.mai.2015.

Moreno, Ana Carolina e Fajardo, Vanessa, disponível em http://g1.globo.com/educacao/noticia/2014/09/greve-na-usp-completa-100-dias-veja-perguntas-e-respostas-sobre-crise.html. Acesso em 13.mai.2015.

Schuyler, Michael, disponível em http://taxfoundation.org/article/impact-piketty-s-wealth-tax-poor-rich-and-middle-class. Acesso em 13.mai.2015.

Martins, Ives Gandra da Silva, disponível em http://jus.com.br/artigos/10977/o-imposto-sobre-grandes-fortunas. Acesso em 13.mai.2015.

*Os tributos no Brasil*, relação atualizada, disponível em http://www.portaltributario.com.br/tributos.htm. Acesso em 13.mai.2015.

Roque, Leandro, disponível em http://www.mises.org.br/Article.aspx?id=1654. Acesso em 13.mai.2015.

Relação dos presidentes dos Estados Unidos da América, disponível em http://www.duplipensar.net/dossies/2004-Q4/eua-2004-presidentes.html. Acesso em 13.mai.2015.

*New Deal*, disponível em http://www.suapesquisa.com/historia/new_deal.htm. Acesso em 13.mai.2015.

Woods, Thomas, disponível em http://www.mises.org.br/Article.aspx?id=610. Acesso em 13.mai.2015.

Sennholz, Hans. F., disponível em http://www.mises.org.br/Article.aspx?id=376. Acesso em 13.mai.2015.

*Diário Oficial*, disponível em http://www.jusbrasil.com.br/diarios/51319116/dou-secao-1-27-02-2013-pg-14. Acesso em 01.abr.2015.

*Diário Oficial*, disponível em http://www.jusbrasil.com.br/diarios/75589182/dou-secao-1-27-08-2014-pg-13. Acesso em 13.abr.2015.

*Diário Oficial*, disponível em http://www.jusbrasil.com.br/diarios/58125493/dou-secao-1-22-08-2013-pg-10. Acesso em 13.mai.2015.

*Diário Oficial*, disponível em http://www.jusbrasil.com.br/diarios/25318443/pg-12-secao-1-diario-oficial-da-uniao-dou-de-15-03-2011. Acesso em 13.mai.2015.

Cartola – Agência de conteúdo, disponível em http://economia.terra.com.br/operacoes-cambiais/pessoa-fisica/crowdfunding-brasileiro-recebe-apoio-do--exterior,429fa08986061410VgnVCM5000009ccceb0aRCRD.html. Acesso em 13.mai.2015.

Ministério da Cultura, disponível em http://www.cultura.gov.br/documents/10895/123362/Relat%C3%B3rio.pdf/e253c9e4-ba00-4d9f-bd5e-51ba-234004fa. Acesso em 13.mai.2015.

Celeti, Filipe, disponível em http://www.mises.org.br/ArticlePrint.aspx?id=329. Acesso em 13.mai.2015.

Maria, Júlio, em matéria para o jornal *O Estado de S. Paulo*, disponível em http://cultura.estadao.com.br/noticias/geral,ministro-da-cultura-a-lei-rouanet-e-prejudicial,1626760. Acesso em 13.mai.2015.

Funcionamento da Lei Rouanet, disponível em http://www.fundacaoculturaldecuritiba.com.br/apoie-a-cultura/leiRouanet/como-funciona. Acesso em 13.mai.2015.

Lei Rouanet, pela Presidência da República em 1991, disponível em http://www.planalto.gov.br/ccivil_03/leis/l8313cons.htm. Acesso em 13.mai.2015.

Esta obra foi composta pela Spress em Univers corpo 11/15pt e impressa sobre papel Pólen Soft 80 gr/m² e Cartão Supremo 250 gr/m² nas capas pela Loyola para Evandro Sinotti em agosto de 2015.